어린이가 어린이로

○△□☆♡

어린이가 어린이로
자유롭고 아름다운 사람, 어린이는 용기 있고 유능하다

초판 발행일 2024년 8월 20일
지은이 편해문
펴낸이 유현조
편집장 강주한
디자인 연못
인쇄·제본 영신사
종이 한서지업사

펴낸 곳 소나무
등록 1987년 12월 12일 제2013-000063호
주소 경기도 고양시 일산서구 중앙로 1542 신동아노블타워 653호
전화 070-4833-5784
팩스 070-4833-5004
전자우편 sonamoopub@empas.com
전자집 post.naver.com/sonamoopub1

ⓒ 편해문, 2024
ISBN 978-89-7139-111-2 03810

어린이가 어린이로

자유롭고 아름다운 사람,
어린이는 용기 있고 유능하다

편해문 지음

소나무

시작하며

어린이를 향한 간섭과 제지와 금지로부터 얻는 것　　9

1. 어린이는 어떻게 유능함을 잃는가

놀이터, 없어도 괜찮아　　29

노는 시간, 누가 정해　　33

장난감, 적어도 좋아　　43

창조할 수 없는 고통　　49

어린이가 놀이터 디자이너　　63

장애물은 언제나　　66

어린이가 살려면　　75

살 수 없는 것　　88

어린이의 선택과 결정을 지원하고 옹호하며　　91

2. 어린이는 어떻게든 논다

떠들며 놀다	101
어지르고 놀다	105
더럽게 놀다	108
만들며 놀다	111
파괴하며 놀다	113
어지럽게 놀다	117
파면서 놀다	125
돌아다니며 놀다	128
나가서 놀다	134
학교에서 놀다	144
불과 놀다	150
위험하게 놀다	152
경계에서 놀다	162
느긋하게 놀다	167

3. 최선의 어린이 놀이 환경 어떻게 만들까

돌아와	175
어린이를 속이지 않는	178
버려진 것을 하나씩 모아	187
목록을 만들고 분류하기	212
잡동사니 놀이터의 안전과 유지에 관하여	225
잡동사니가 자유놀이와 만났을 때	241

4. 나의 어린이 & 놀이 아포리즘

마치며
우리는 어린이를 모른다   265

○△□☆♡

이 책을 스승님께 바칩니다.

시작하며

어린이를 향한 간섭과 제지와 금지로부터 얻는 것

어린이, 속이기

어린이의 커다란 고통은 창조할 수 없음에서 오는 고통입니다. 표현할 수 없음에서 오는, 만들 수 없음에서 오는, 할 수 없음에서 오는 답답함입니다. 상상이 필요하지 않은 실내와 의자와 관리에 긴 시간 붙잡혀 바깥을 쳐다보는 지루함과 좌절에서 오는 고독과 슬픔입니다. 어린이의 일상적 삶과 놀이와 놀이 환경에서 성인의 간섭이 간섭되고 제지가 제지되고 금지가 금지되기를 바랍니다. 그래야 어린이는 창조할 수 없는 갑갑함의 굴레를 벗을 수 있습니다. 어려움을 겪는 어린이는 많고 양육자와 교사는 지쳤습니다. 선의임을 알지만, 지금보다 덜 간섭하고 덜 제지하고 덜 금지하는 길을 찾아야 합니다.

어린이에 대한 선의와 친절함만으로는 부족한 것이

있습니다. 우리는 어린이를 사랑하지만, 방법이 온전치 않을 수 있음을 헤아려야 합니다. 놀이는 '주말 이벤트'가 되고 양육은 '인정 육아와 진학 쇼핑'이 되어 버린 오늘을 사는 우리의 내면도 들여다보아야겠지요.

아이가 탐험하고 모험할 수 없어 창조할 수 없다면 그것은 분명 통제된 상태입니다. 아이는 할 수 있어야 합니다. 해볼 수 있는 것으로 둘러싸여 있어야 하고, 할 수 있는 것들이 넉넉하고 풍성하고 다채롭게 가까이 있어야 합니다. 그들에게는 'STOP'이 아니라 '허용'의 공간과 장소와 환경과 넉넉한 허용과 장려가 필요합니다. 체험과 프로그램은 물론이고 놀이와 놀이터라 이름 붙여진 시간과 장소에서도 간섭과 제지와 금지와 NO와 STOP이 쉽게 외쳐지는 현실을 아프게 보며 참신한 길은 없는지 찾고자 합니다.

거꾸로 지금 통제가 필요한 영역은 자율 주행처럼 자동화와 사람을 대체하는 로봇과 규제 없는 AI입니다. 정작 기준을 마련해 통제와 제어를 해야 할 것에는 손을 놓고 통제하지 않아야 할 것에는 근면한 모순이 양육과 교육의 시간과 장소에서 또렷이 목격되어야 합니다. 적어도 아이나 성인 모두 주체적이고 자유로운 선택이 가능한 환경을 만드는 것이 건설적입니다. 이것은 자동화와 로봇과 AI가 주인이 아니라 어린이와 양육자와 교사가 주인이라는 선언입니다.

　먼저 오늘을 살고 있는 어린이와 청소년의 삶과 놀이를 제가 어떻게 바라보고 있는지 말하겠습니다. 어린이와 청소년이 생각하는 놀이와 성인이 놀이로 보고 싶어 하는 것에 차이가 있어 둘을 구분해 볼 필요가 있습니다. 불편하게 들릴 수 있지만, 한국 사회에서 오늘을 사는 어린이와 청소년은 바쁘고, 복잡하고, 쫓기고, 재촉받는 일상에서도 어떻게든 놀이 시간을 알뜰하고, 꼼꼼하고, 치열하게 챙기고 있습니다. 놀지 않으면 어린이와 청소년은 참을 수 없기 때문입니다.

　성인과 제도와 규율과 시스템은 어린이와 청소년을 속이려 하지만 그들은 기만 당하지 않고 다양한 전략을 펼치며 저항하고 따돌리며 자신의 영역을 구축합니다. 희망은 여기에 있습니다. 속임에 속지 않는 어린이와 청소년 말입니다. 왜 덜 행복하거나 아예 즐거움이 없는 것을 어린이와 청소년이 연속해서 선택해야 할까요? 무슨 근거로 지금 불행을 살며 미래의 행복을 얻을 거라 약속하는 걸까요? 그들은 이미 충분히 견디고 있습니다. 그럼, 무엇을 견디고 있는 걸까요? 무지막지하게 밀려드는 '해야 할 것'을 해치우며 버티고 있습니다.

　둘 사이에서 삶의 균형을 잡으려고 몸부림치는 어린이와 청소년을 봅니다. 과제와 성취 중심의 긴박한 경쟁 속에서도 안간힘을 써 놀이와 재미와 즐거움의 자유 시간을 확보하려는 그들의 몸부림을 긍정하는 것에서 제 이야기는 시작됩니다. 거꾸로 말씀드리자면, 지금의 어린이와 청소년은 무엇을 하고 놀아야 할지 모를 정도로 주변에 놀 것들이 널려 있다는 것을 양육자와 교사는 수용해야 합니다. 다양한 엔터테인먼트, 소셜네트워크서비스, 웹툰, 유튜브, 게임, 숏폼……. 자유롭게 선택해서 놀고 즐길 것이 넘칩니다. 점점 온라인과 오프라인 사이의 경계는 모호해지고 있고 한계 또한 개선되거나 빠르게 극복되고 있습니다. 놀 것이 부족해서 발생하는 어려움이 전혀 사실이 아님을 분명히 해둘 필요가 있습니다.

무한대로 펼쳐지는 엔터와 재미의 풍요로움 속에서 어린이와 청소년이 지내고 있습니다. 어린이와 청소년이 노는 것 혹은 놀지 못하는 것에 안타까운 마음을 가지고 있는 양육자나 교사의 심정은 이해합니다. 그렇지만 올바르거나 바람직한 놀이와 방법과 세계가 따로 있는 것은 아닙니다. 이런 안타까움이 지속되면 어린이와 청소년의 실존과 욕망에 관한 인식에 착오가 생깁니다. 성인은 재미를 욕망해도 되지만 어린이와 청소년은 욕망하는 존재가 아니라는 사고는 어느 면으로 보나 온당하지 않습니다. 가능한 일도 아닙니다.

이와는 반대로 성인이 아이도 자신과 같은 방식으로

살기를 권하거나 이끌면서 아이가 아이로 사는 것이 헝클어지고 비틀어집니다. '어린이 속이기'의 시작입니다. 어린이에게 성인의 권력을 사용하면 어린이는 현재의 친구와 나중의 동료에게 권력을 사용할 것입니다. 우리가 어린이를 속이면 그들은 우리를 속일 것입니다. 그렇게 배웠기 때문입니다.

현재를 살고 싶고 여기서 놀고 싶은 어린이를 속이지 않고 양육과 교육의 길로 어떻게 다시 들어설 수 있을까요? 이러한 것에 어떻게 붙잡혀 있고 어떻게 벗어날 것인지에 관한 구체적인 이야기를 차차 해보겠습니다.

팬데믹 이전부터 지금까지 견고한 조임과 압박과 재촉 속에서도 빈틈을 벌이고 달아나며 저만의 놀이와 쉼과 자유의 시간을 땀 흘려 채굴하는 어린이와 청소년이 이해되어야 합니다. 성인의 바람과 기대로부터 탈주하는 시간이 어린이와 청소년에게는 자신의 세계를 오롯이 만드는 가치 있는 시간이니까요. 놀이를 향한 어린이와 청소년의 절규와 가열한 전략과 투쟁을 동료의 시선으로 봐줄 수는 없을까요? 그들과 함께 살아가려면 어린이와 청소년에게 내재한 합리성을 발견하고 포용해야 합니다.

느끼셨겠지만 저는 지금 조금 결이 다른 이야기를 하고 있습니다. 놀이와 즐거움과 욕망의 주체로 어린이와 청소년을 다시 보는 것에서 출발해야 한다는 관점은 설문조사나 짐작이나 당위를 넘어 현장에서 긴 실천과 관찰이 따라야 합니다. 어떻게든 놀려고 하고 놀 수밖에 없는 그들을 오롯이 만날 수 있을 때 이야기는 시작됩니다.

그렇다면 놀이란 무엇일까요? 자주 받는 질문입니다. 놀이가 무엇인지, 이참에 이야기해 보겠습니다. 저 역시 '놀이란 무엇인가'라는 화두를 들고 한 세월을 보낸 사람이니까요. 놀이가 무엇이냐는 것은 삶이 무엇이냐는 것과 비슷한 질문입니다. 다양한 주장과 생각이 있습니다. 놀이에 관한 여러 견해는 일리가 있고 필요합니다. 놀이가 무엇인지 궁금해하는 것에 어느 정도 이해와 도움을 주기도 하고요.

어린이, 눈뜨기

놀이가 무엇인지 알기 위해서는 놀이의 열린 구조에 눈을 떠야 합니다. 놀이가 무엇인지 섣부르게 정의 내리려고 하다가 놀이와 아이를 함께 잃어버리는 일은 없어야지요. 한두 문장으로 놀이를 정의하려는 성급함을 뒤로하고 놀이가 가지고 있는 여러 특이성을 하나씩 논의하는 것이 유익합니다. 놀이가 무엇이냐는 질문에 고대로부터 많은 이들이 다양한 답변을 해왔습니다. 이것이 놀이가 가지는 특성입니다. 즉 다양성, 풍성함, 포용력 등이 놀이가 가지고 있는 남다름이라는 것이지요. 놀이가 무엇인지 힘주어 정의를 내려 버려 담을 수 있는 그릇이 작아지는 것보다는 주장과 해석의 여지를 활짝 열어 놓는 것이 이롭습니다. 판단을 조금씩 끊임없이 미루면서 계속해서 궁금해하고 알아가려고 하는 태도입니다.

놀이가 무엇이라고 말하기에 앞서 제가 생각하는 놀이의 특성 하나를 밝히자면, 그것은 '알 듯 모를 듯' 함이 아닌가 싶습니다. '알 것도 같고 모를 것 같기도' 한 특징이 놀이가 무엇인지 공부하는 데 큰 동력이 되었음을 고백합니다. 놀이가 무엇인지 또박또박 정의 내리는 데 관심을 기울이기보다는 모르고 희미하고 유동하는 지점에 눈과 귀를 활짝 열어 놓고 발견되는 것들을 쌓고 모아가는 태도를 견지해 왔습니다. 잘 이해가 되지 않고 판단이 망설여지는 상태를 유지하며 때로는 견디고 때로는 과감히 미루면서, 끊임없이 어린이의 삶과 놀이 현장을 관찰하는 것입니다. 그러고는 다시 책상으로 돌아와 놀이가 무엇인지 성찰하는 과정을 밑면에 두텁게 쌓는 작업을 해왔습니다.

그럼에도 "놀이가 무엇인지 말해 보라!"라는 질문을 재촉해 받는다면 이렇게 답을 해야겠습니다. 앞서 '놀이가 무엇이냐?'라는 질문은 '삶이 무엇이냐?'라는 질문과 같다고 말했는데, 이것은 은유가 아닙니다. 답하기 어렵지만, 어린이에 한정해 잠정적으로 말하자면 놀이라는 것은 과거에 머물러 있거나 미래를 향하는 것이 아니라 '지금을 어린이가 어린이로 사는 것'이라고 말씀드리고 싶습니다. 과거와 미래를 사는 경향이 뚜렷한 성인과는 사뭇 다릅니다.

줄여 말하자면 아이가 현재를 사는 것이 놀이입니다. 성인도 다르지 않습니다. 그런데 실제는 어떨까요? 성인의 의도에 사로잡힌 기획된 학습과 체험과 프로그램과 유사 놀이의 폭주가 아이의 삶을 어지럽히며 질식시키고 있습니다. 아이는 줄고 상대적으로 성인은 늘어나 도무지 아이가 성인에게서 벗어날 수 없는 환경과 상황이 겹겹이 강제되고 있음도 눈을 크게 뜨고 보아야 합니다. '아이 : 성인' 비율의 급격한 변화로 인해 많은 성인에게 포위되어 받아야 하는 관리가 아이를 숨 막히게 합니다. 현재를 살 수 없고 아이가 도무지 아이로 살 수 없는 인색하고 몰인정한 시스템이 굳어진 셈입니다.

어린이, 붙잡기

아이와 놀이로 만나는 일을 긴 시간 해오면서 가장

즐거웠던 시간과 장소를 떠올려보면, 특별한 준비 없이 삶의 터전에 있는 이런저런 것을 가지고 그때그때 상황과 형편에 맞게 놀았을 때였습니다. 아이도 즐거웠고 저도 홀가분했습니다. 이렇게 단순한 생활 속 물건과 가까운 장소에 놀이의 기쁨이 있는데, 저 역시 번잡하고 어수선한 세상을 한참 돌아다녔습니다. 세상을 상대한다고 '놀이의 고향'에서 멀리 떠나 긴 시간을 참견하며 어리석게 흘려보냈습니다. '놀이의 길'은 간단하고 저렴하고 즉각 실행이 가능한 것인데, 복잡함과 당위에 붙잡힌 시절을 살았습니다. 돌아보고 정돈하고 반성하는 시간을 가져야 했습니다.

앞서 펴낸 『아이들은 놀기 위해 세상에 온다』, 『아이들은 놀이가 밥이다』는 '자유놀이'에 관한 책이었습니다. 놀이의 본질과 빠르게 악화하는 어린이의 주변 환경과 문화에 관해 절박함을 담느라 성마른 주장과 날 선 비판이 잦았음에도 끝까지 읽어 준 독자들께 가슴에 손을 얹고 늦게나마 고개를 숙입니다. 아이와 놀이에 관한 제 글이 성글고 격정적인 까닭은 '옹호가'의 처지에서 나오는 것임을 밝히며 독자 여러분께 한 번 더 너그러운 이해를 구합니다. 『아이들은 놀이가 밥이다』을 펴낸 2012년은 스마트폰이 본격적으로 어린이와 청소년의 손에 쥐어지던 첫해라는 것도 의미심장하게 헤아려지기를 바랍니다. 인스타그램도 비슷한 시기에 스마트폰 안으로 들어왔습니다. 그로부터 12년이 흘러 『어린이가 어린이로』를 펴내는 시점 또한 AI가 밀어붙이는 파고와 속도와 밀도가 한없이 높고 급박하고 날이 서 있으며 촘촘합니다. 어린이 삶과 환경에 미칠 가능성과 부자유함에 관해 차분하고 냉정한 저울질이 어느 때보다 절박한 때라 생각합니다. AI는 과대 평가되고 있고 그 운용에 따르는 에너지와 타율과 책임은 과소 평가되고 있습니다. 다시 책을 써야 했습니다.

두 번째 『놀이터, 위험해야 안전하다』와 『위험이 아이를 키운다』는 '위험한 놀이'의 긍정에 관한 책이었습니다. 위험을 강조한 듯하지만, 사실은 놀이 속 도전의 기회와 도전의 가치와 도전할 수 있는 환경이 어린이에게 절실함을 알리려고 쓴 책입니다. 이 책을 읽고 많은 독자께서 안전과 위험의 균형에 관해 이해하고 주변에 사려 깊은 다양한 목소리를 내준 것에 큰 고마움을 전합니다. 아이의 놀이 속 위험이 걱정이라면 위험에 관해 지금 서로 이야기를 시작하는 것이 최선입니다. 위험에 관해 이야기하지 않으면 위험과 걱정은 눈덩이처럼 점점 커질 것입니다.

이번 책은 어린이에 관해 씁니다. 책 제목이 왜 『어린이가 어린이로』인지는 뒤에 말씀드리겠습니다. 어린이와 놀이와 놀이 환경을 공부하고 실천하며 오랫동안 미뤄두었던 작업을 이렇게 매듭짓습니다. 분명한 것은 오랜 글쓰기와 책 내기가 우리 사회의 어린이와 놀이와 놀이 환경에 관한 생각을 조금 바꾸었고, 그 과정에서 옴짝달싹 않는 세상을 향한 비관과 포기와 좌절도 거두어들일 수 있었습니다. 멈추고 글과 책을 쓰지 않았다면 받지 못할 은혜였습니다.

함께 사는 놀이벗과 온갖 '잡동사니'를 '플레이버스(PLAYVERSE)'에 싣고 유랑하며 어린이와 만나는 것도 같은 맥락입니다. 지난 20년간 '잡동사니'에 관한 긴 실험과 관찰과 돌아봄이 있었습니다. 이것이 비용과 시간을 가장 적게 들이면서 어린이가 원하는 최적의 놀이 환경을 지금 여기에 만드는 가장 단순한 방식임을 실감하며 오늘에 이르렀습니다. 여러 가지 변화로 넓은 장소에 큰 비용과 오랜 시간을 들여 실내 또는 바깥 놀이터를 만드는 방식은 더 이상 유효하지 않게 되었습니다. 우리 사회와 경제가 더는 감당할 수 없는 처지입니다. 호황은 저물고 어느새 내리막에 서게 되었고 다시 가난해졌습니다. 이렇듯 한 사회가 경제적으로 어려워지는 상황에 도착하면 양육과 교육에 관한 여러 포퓰리즘(대중영합주의)과 시혜적 선동이 등장해서 더욱 혼란을 가중할 것도 어렵지 않게 예상해야 합니다. 일부러 일으킨 바람에 뿌리 뽑히거나 휩쓸리지 않는 공부와 차분함과 용기 있는 행동이 어느 시절보다 긴요한 때입니다. 더불어 이제는 비용을 적게 들이고도 언제든 놀 수 있는 건강한 어린이 놀이 환경 마련 요구에 응답해야 합니다. 이 책에 그간의 경험과 구체적인 방법론을 담았습니다.

아이의 삶이 나아지려면 아이 가까이 있는 성인의 삶이 나아져야 한다고 오랫동안 말했습니다. 그렇지만 성인은 어린이에 관해 점점 더 집요해지고 장악력이 커지고 똑똑해지는 것 같습니다. 사회라는 환경에 영향받아서겠지요? 그사이 놀이가 아이의 삶에 중요하다고 말하는 사람은 늘었지만 실제로 이해하고 행동으로 옮기는 사람은 더 적어진 것 같습니다. 기대와 변화를 기다리기에는 세월이 많이 흘렀습니다. 성인과 사회와 제도의 과도한 '관리'로부터 '탈주'를 감행하는 것이 지금이라도 아이가 숨을 조금 더 쉴 수 있는 길이 아닌가 합니다. 조화와 균형과 같은 아름다운 말을 삼키고 섬 없이 '하라고 하는' 권유와 지시로부터 이탈하여 아이 편에 서야겠습니다. '옹호'의 뜻입니다.

지금은 놀이 정의(定義)보다 놀이 정의(正義)가 무엇인지 활발히 이야기 나눌 때입니다. 어린이와 청소년이 힘겹게 버티고 있던 삶의 둑이 무너져 버려 한가한 이야기를 할 수 없는 처지입니다. 이제 어린이와 청소년을 뒤에서 비틀어 잡고 있던 손을 놓을 때입니다. 손을 놓아야 우리도 그들도 비로소 자신과 자유와 만날 수 있습니다. 붙잡고 시키는 쪽 역시 충분히 피폐합니다. 아이를 끝내 붙잡고 있던 손을 놓는 것은 우리가 결정할 수 있는 몇 안 되는 참신한 선택지입니다.

어린이, 떠나기

1991년 11월 20일 우리나라에 도착한 아동권리협약 31조는 그로부터 33년이 흘렀지만 방치되고 있으며, 추상적인 놀권리 선언만 문서로 떠돌고 있습니다. 아직도 이 협약을 채택하지 않은 거의 유일한 나라가 미국이라는 사실을 아는 사람은 드뭅니다. 아이의 자유와 놀이는 이해되지 않고 있고 헬리콥터 또는 잔디 깎기 양육 문화가 널리 존재합니다. 우리도 조금의 변화가 있지만, 아이가 놀이할 수 있는 놀이터가 아니라 만들기 쉽고 관리하기 쉬운 준공 검사용 놀이터가 대부분입니다. 양적으로는 많은데 자유놀이를 하기엔 너무도 불편하고 도무지 가능하지 않은 놀이 환경입니다. 이러한 놀이터는 아이가 같은 놀이터에서 같은 시간에 같은 방식으로 놀 것이라는 가정 아래 만들어집니다. 거짓이며 증거는 아이의 지루함과 다른 용도로 사용하기와 고장 내기와 부상입니다. 학교 또한 놀이터와 유사한 전제에서 발명되고 쓰는 것은 아닌지 동시에 성찰하게 합니다. 놀이터에 문제가 있는 것이지 아이에게 문제가 있는 것이 아닙니다.

놀이터가 오히려 아이의 성장을 막아서고 있어 관련 일을 해왔던 사람으로서 잘못을 반성하고 있습니다. 과도하게 구조화된 놀이터의 치명적 한계는 아이가 변화를 줄 수 없고 수정되지 않는다는 점입니다. 문제 해결의 여지도 남아 있지 않습니다. 시간이 흐를수록 더 자주 올수록 노는 아이의 참여와 동기가 점점 더 떨어질 수밖에 없습니다. 결론적으로 표준화된 어린이 놀이터의 폐해는 상상과 창조를 멈추고 제한하는 데 있습니다. 3장에서 말씀드릴 '잡동사니 자유놀이터'에서는 아이의 놀이 참여가 점점 더 늘어나고 섬세해집니다. 큰 예산이 없어도 넓은 공간이 없어도 대단한 이벤트가 없어도 아이와 당장 놀 수 있는 놀이 환경 마련이 더욱 갈급해졌습니다. 그런 놀이 환경 마련이 지금 당장 가능하다면 무슨 까닭으로 하지 않을 수 있을까요? 지금 아이와 가까운 곳에서 가까이 있는 것을 가지고 천천히 시작하면 됩니다. 우리는 어린이 놀이 환경을 어떻게 만들어야 할지 경험적으로 알고 있고, 늘 문제가 되었던 큰 비용도 자유롭습니다.

소비 후 버려지는 재활용품도 좋고 쓰고 남은 폐자재를 잘 추려 쓰면 더욱 좋습니다. 한꺼번에 사서 쓰는 것이 아니라 시간을 두고 천천히 모으고 이웃에게 얻는 것도 지혜롭습니다. 여러 물건이 고르고 넓게 흩어져 있는 비구조화된 놀이 환경 구성은 아이의 호기심과 끝없는 상상과 망가뜨려도 괜찮은 편안함과 어지르는 즐거움과 새롭게 구성하는 기쁨을 만끽하게 합니다. 지나치게 구조화된 놀이터에서 아이 사이의 갈등과 괴롭힘이 비구조화된 놀이터에서 크게 줄어드는 것을 목격합니다. 왜 그럴까요? 자유놀이터에서는 하고 싶은 것을 할 수 있기 때문입니다. 다시 말해 창조하고 상상할 수 있기 때문입니다. 창조하지 못하게 하고 상상하지 못하게 하면 아이는 짜증이 나고 던지고 미워하고 다툽니다. 여기서 구조화되지 않은 놀이 환경이라는 것은 성인이 디자인하거나 구성하지 않은 아이가 온전히 통제할 수 있는 놀이 환경을 뜻합니다. 가까이서 보는 양육자나 교사 또한 큰 부담이 적어 더 허용적으로 됩니다.

곳곳에 있는 놀이벗 여러분! 가까이 있는 장소를 값싸고 손쉬우며 아이의 선택과 결정과 도전과 탐험과 실험과 위험에 허용적인 '잡동사니 자유놀이터'로 바꿔 보는 건 어떨까요? 경제적이며 진솔하고 참신한 것에 눈을 뜨면 여러 가지로 어린이와 함께하는 삶이 풍요롭습니다.

 잡동사니와 함께하는 자유놀이에 끌리지만 주변의 시선에 주저하는 교사와 양육자께서는 이번에 용기를 내보면 좋겠습니다. 부족하지만 안내를 해보겠습니다. 우리가 용기를 내면 '명랑한 어린이'는 새롭게 발견될 것입니다. 어쩌면 우리의 양육과 교육에 관한 무기력과 좌절과 절망과 죄책감과 불가능이 환영이었음을 알게 될지도 모릅니다. 놀이활동가, 놀이옹호가, 플레이워커, 유치원·어린이집·초등학교 교사, 양육자 모두에게 두루 유용할 것입니다. 유아와 초등 아이의 놀이와 놀이 환경에 유쾌하고 발랄하고 명랑한 전환이 일어나기를 바랍니다.

 이제는 성인 주도 놀이, 고정된 놀이기구, 입장료를 받는 상업적 놀이터, 아이를 가두는 실내 놀이터 등등, 무겁게 정체된 놀이터 패러다임을 훌훌 벗고 어린이가 선택하고 결정하고 주도하는 자유놀이터로 이행할 때입니다. 잡동사니 자유놀이터는 비용은 저렴히거나 아예 없고 구하는 시간도 짧고 모으는 것도 손쉬우며 때로는 꽤 놀랄 만한 소재와 만나기도 해서 아이와 함께 큰 기쁨과 행운을 누릴 수 있습니다. 점점 물건을 보는 안목도 생길 것이고 어디를 가도 좋은 폐품을 찾는 자신을 발견하며 가슴 설렐 거라 믿습니다.

 잡동사니를 마주한 아이가 즉각적으로 수용하고 만

들고 창조하고 실험하고 모험하고 도전하며 즐기는 모습은 앞선 고생과 노고와 헌신을 기쁨으로 바꿔 줄 것입니다. 부지런하고 정성스러운 수집과 관리로 자유놀이터로의 이행을 준비하고 실제로 만들어 운영해 보려는 용기를 내보세요. 자유놀이터는 성인의 놀이 지시나 정해진 놀이 방법이 없는, 궤도나 해도가 없는 놀이터입니다.

활짝 핀 놀이꽃을 어린이가 있는 어디서나 볼 수 있기를 기대합니다. 더 보호하고 자유는 더 덜어내는 지금의 놀이와 양육과 교육 환경으로부터 어린이와 함께 서늘한 탈주를 감행하여 어린이가 어린이로 사는 모습을 재발견하는 기쁨과 만나 보세요. 어린이와 함께 용기를 내어 익숙한 곳에서 떠나는 여정에서 서로를 알아볼 수 있기를 바랍니다. 하나 더 떠날 것이 있습니다. 지금은 밀착한 어린이로부터 홀가분하게 떠날 때입니다. 우리가 홀가분하게 떠나야 어린이도 자신을 찾아 떠날 용기를 낼 테니까요. 성인이 떠나야 어린이는 생기를 찾습니다.

『아이들은 놀이가 밥이다』 초판을 낸 뒤로 12년 만에, 마지막 책 『위험이 아이를 키운다』를 펴낸 지 6년 만에 새 책을 내놓습니다. 그사이 종이책 출판 환경 또한 격랑을 맞고 있습니다. 글과 책을 통한 사유가 더욱 갈급한 시절인데, 변두리 자본에 점점 치이고 그들의 일방적 마켓팅에 등 떠밀리는 장면을 봅니다. 글을 쓰는 작가나 편집자나 인쇄소 모두 어려운 시절입니다. 사는 집 앞에는 오래된 소나무 한 그루가 서 있습니다. '놀이와 놀이터'가 앞서 한없이 가난했던 시절부터 지금까지 '놀이의 길'에 묵묵히 동행해 준 소나무출판사에 오랜 고마움을 전합니다. 종이책 한 권이 작가에서 독자에게 도착하기까지 많은 노동과 수고가 필요합니다. 오래 기다리고 정성스레 책을 만들어 준 강주한 편집장에게 고마운 마음을 띄웁니다. 끝으로 책을 마무리하는 과정에서 실제 양육자로서 조언을 아끼지 않았던 김은엽 사서님과 임소영 선생님께 고마움을 전합니다. 초고부터 책이 나오기까지 낱말 하나에서 구성과 제목까지 긴 시간 성실히 소통해 준 오랜 놀이벗 박보영 플레이워커께도 소중함을 전합니다.

이하에서

1

어린이는 어떻게 유능함을 잃는가

○△□☆♡

"어린이는 언제나 어디서나 놉니다."

귄터 벨치히

놀이터, 없어도 괜찮아

 어린이는 어디서든 놀 수 있습니다. 그래서 놀이터는 따로 필요치 않습니다. 왜 '다시' 놀이터는 필요 없다고 이야기하는 것일까요? 부끄럽지만 앞서 했던 섣부른 주장과 실천에 관한 오류부터 고백해야겠습니다. 저는 공공놀이터를 그곳 가까이 사는 어린이와 시민과 함께 만드는 일을 해왔습니다. 이른바 '참여디자인' 과정을 통해 놀이터를 만드는 일이라고 줄여 말할 수 있습니다. 그런데 참으로 힘들었던 것은 결과가 다시 고정된 놀이기구와 붙박이 건축물이 놀이터의 주인이 되어 가는 모습이었습니다.

 고정된 놀이기구, 좀 어렵게 말하자면 '지나치게 구조화된 놀이기구', 달리 말하자면 '붙박이 놀이기구' 위주의 놀이터를 만드는 일을 되풀이하면서 마음속 불편함이 커져 내색하기에 어려웠지만 속마음은 뭉치고 굳어져 갔습니다. 아이가 자유놀이와 안심하고 위험한 놀이를 할 수 있는 놀이 환경이 절실하다는 놀이 철학은 어디로 가고 애당초 그러한 것들이 어려운 놀이터를 만드는 일이 반복되고 있었습니다. 일을 하면서 어떻게든 그 속에 아이의 자유로운 선택과 탐험과 모험과 위험과 만날 수 있는 요소를 담으려고 노력했지만, 제한적이었음을 고백합니다.

이른바 '자연놀이터', '숲체험원', '생태놀이터'라 이름 붙여진 곳 또한 과도하게 구조화된 놀이터를 벗어나지 못하는 것을 빈번히 발견하면서 회한과 마음의 짐은 커졌습니다. 멀리 놀이터가 있는 곳으로 아이가 이동해서 바닥에 굳게 고정된 놀이기구를 이용하는 것이 놀이라면 그곳이 아무리 멋지고 아름다워도 긍정할 수 없는 놀이 환경입니다. 아이는 자신이 사는 곳, 바로 그곳에서 바로 놀 수 있어야 하기 때문입니다.

게다가 이와 같은 놀이터는 대부분 놀이 환경 자체를 아이가 변형하거나 옮기거나 이동할 수 없는 불가역적인 놀이터입니다. 또 다른 커다란 모순을 이 과정에서 보았습니다. 놀이터 하나 만드는 데는 넓은 땅과 많은 예산과 긴 시간이 필요하다는 점입니다. 바꾸어 말하면 비용과 장소를 마련하고 찾는 데 행정적으로 많은 절차와 수고가 필요하고 시간 또한 2~3년은 보통입니다. 이렇게 좋은 놀이터가 만들어지기를 기다리다가 아이는 다니던 학교를 마칠 수도 있습니다.

논다는 것은 길게 줄을 서서 다음 차례가 오기를 기다리는 것이 아닙니다. 논다는 것은 멋지고 아름답게 디자인한 놀이터에서 일어나는 일이 아닙니다. 아이는 하고 싶을 때 해야 가장 잘 배웁니다. 그래서 아이에게는 하고 싶을 때 할 수 있는 환경이 꼭 필요합니다. 아이가 지금 당장 여기서 놀아야 하는 까닭입니다.

아이가 생활하는 집과 어린이집, 유치원, 학교 가까이서 언제든 즉각적으로 놀이의 문을 열고 들어갈 수 있는 소박하고 만만한 놀이 환경이 필요할 뿐입니다. 큰돈을 들여 보란 듯이 놀이터를 만든다고 놀이가 살아나는 것도 아닙니다. 기존 놀이터의 더 큰 문제는 고정된 놀이기구가 특정한 놀이 방식만을 강요해 놀이의 상상력을 일깨우지 못한다는 데 있습니다. 결국 놀이터는 금방 생기를 잃어버리고 맙니다.

아이가 놀이터를 스스로 구성할 수 없다면 놀이터가 만들어진 대로 아이가 구성될 수밖에 없습니다. 이렇듯 놀이터 만드는 일을 전문가나 기존 방식과 관행에만 맡겨 두는 것은 무책임한 일이라는 생각에 차례로 도달하게 됩니다. 그런 일을 앞서 한 제 책임도 피할 수 없음을 깨달았습니다. 큰 예산이 없어도 넓은 공간이 없어도 긴 시간을 들여 공사하지 않아도 아이가 놀 수 있는 놀이 환경을 즉각적으로 마련하는 것이 가능함을 호도해

온 저 자신을 돌아보았습니다. 다른 길을 찾아야 했습니다.

다행스럽게 3장에서 소개할 '잡동사니 놀이터'에 오랜 모색 끝에 도착했고 같은 고민을 하는 놀이벗께 전할 수 있어 그나마 안심이 됩니다. 그 과정에서 나의 앎을 부정하고 관행으로부터 이탈하는 것이 홀가분하고 유쾌하고 발랄한 일임도 새삼 알았습니다. 다시 호기심과 즐거움이 넘치는 놀이의 고향으로 돌아온 느낌입니다. 이 작은 책에 그런 여정을 담았습니다.

노는 시간, 누가 정해

 아이가 노는 시간을 정할 수 있어야 합니다. 아이는 언제든지 놀 수 있고 놀아야 하니까요. 성인이 일할 시간을 타인이 그때그때 정해 준다면 우리는 그 일에 집중하기 쉬울까요? 아이도 마찬가지랍니다. 아이 가까이 있는 성인 양육자는 늘 고민합니다. 아이에게 어떻게 하면 좋은 환경을 줄 것인가를 말입니다. 나아가 좋은 환경은 어디에 있는지 애써 알아보는 일입니다. 만약에 '좋은 환경'을 찾았다면 거리가 멀거나 비용이 많아도 아이와 함께 등록하고 이동하는 것을 꺼리지 않습니다. 이렇듯 아이에게 '좋은 환경' 주기는 한국 사회에서 살아가는 양육자의 지상 과제가 되었고 이것은 분명한 압박입니다. 노력과 매진이 끝없습니다. 그러나 많은 양육자가 정확하지 않은 정보에 무방비로 노출되는 것도 사실입니다.
 아이 또한 '정보'와는 빈번하게 만나지만 질감과 소리와 냄새와 기압과 온도와 풍향과 풍속과 충돌과 가속과 압력과 무게와 부피와 온기와 느낌과 예감과 힘듦과 수월함 같은 '실감'은 하지 못하는 매체와 프로그램과 기획에 상시 노출되고 있습니다. 이쯤에서 아이에게 꼭 필요한 '환경' 하나를 말씀드리려고 합니다. 아이에게 좋은 환경을 주려는 양육자께 외람되지만, 권하고 싶은 정직한 놀이 환경은 다름 아닌 '여유로운 시간'입니다.

그렇게 멀리 큰 비용을 들여 좋은 환경을 찾아다니느라 아이와 양육자 모두 바쁘다면 평소 생각한 '좋은 환경'과 점점 멀어지고 있음을 알아차릴 수 있습니다. 바쁜데, 다녀와서 할 것들이 촘촘히 기다리고 있는데, 돌아와 힘들고 피곤한데, 내일 또 아이와 함께 먼 길 이동해서 체험하고 프로그램에 참여하는 것이 정말 아이와 양육자가 바라던 좋은 환경일까요? 가정에서나 학교에서나 멀리 가는 특별한 이벤트와 체험으로 가까운 일상의 경험이 붕괴하고 하류로 취급받는 것은 우리의 빈곤이 어디에 뿌리를 둔 것인지 생각하게 합니다. 여기서 양육과 교육의 커다란 땅 꺼짐과 맞닥뜨립니다. 각종 체험과 프로그램을 주유하며 바쁘게 살 것인지 아니면 아이와 함께 여유 있게 지낼 것인지 선택을 해야 합니다.

아이는 어디 멀리 가서 놀고 싶은 게 아닙니다. 아이는 지금 여기 또는 가까운 곳에서 자주 그리고 틈틈이 놀고 싶을 때 놀고 싶습니다. 그런데 자꾸 여기 말고 다른 데, 더 좋은 데 가서 제대로 놀자고 합니다. 놀이는 무엇을 완벽하게 준비해야 비로소 할 수 있는 활동이 아닙니다. 오히려 정반대의 활동입니다.

지금 여기서 노는 것이 놀이이지 다음에 저기 가서 본격적으로 하는 활동이 놀이가 아닙니다. 제대로 하는 게 놀이가 아님은 물론입니다. 다시 말해, 놀이라는 것은 내킬 때 언제든지 할 수 있어야 하는 자유로운 활동입니다. 그런데 왜 이 단순한 것이 이렇듯 힘들고 복잡하고 어렵게 되었을까요? 아이도 바쁘고 양육자도 당연히 바빠야 한다는 오해와 유행 때문입니다.

덧붙여 그런 일을 대행하는 개인과 업체가 늘어난 까닭도 큽니다. 그 결과 놀이와 놀이터라는 아이의 건강 또는 보건과 직접적인 관련을 맺고 있는 공공의 책임은 점점 뒷짐을 지고 뒤로 빠지게 됩니다. 놀이를 사적으로 개인 비용으로 접수하고 등록하고 이동해 해결하라는 무언의 미루기입니다. 아이가 이렇게 만들어지고 기획된 활동에 참여하느라 바쁠 까닭이 무엇일까요? 앞으로 성장하면서 조금씩 바빠지겠지요. 그렇지만 앞엣것을 당겨와 놀이마저 바쁨마저 선행할 필요는 없습니다.

방학을 맞은 어린이와 청소년이 어떻게 지내고 있나요? 방학은 일상의 배움으로부터 훌쩍 벗어나 평소의 정해진 틀과 형식과는 다른 세계를 경험하는 여유로운 시간이었습니다. 그런데 주위를 둘러보면 방학을 평소보다 더 바쁘고 더 밀도 높은 학습량과 씨름하며 보내는 어린이와 청소년이 많아진 것이 오늘의 풍경입니다. 여유로운 시간을 무가치하다고 여기는 것 같습니다. 짧게는 10년 사이에 벌어진 변화입니다. 방학 내내 놀다가 개학을 앞두고 아이코! 하면서 밀렸던 방학 숙제를 몰아서 하던 옛 기억이 새삼스럽습니다. 지금은 학교에서 요구하는 과제도 거의 없지만 어린이와 청소년의 어깨에 올려진 과외의 항목과 짐은 복잡하고 무겁고 촘촘합니다. 방학을 보내고 있는 어린이와 청소년을 보면서 이런 의문이 떠오릅니다.

'우리 사회의 어린이와 청소년이 직장인과 차이가 있을까?'

직장인처럼 되어 가는 어린이, 직장인과 기의 구분이 되지 않은 청소년을 쉽게 목격합니다. 특히 우리 사회에서 어린이와 청소년의 일과와 동선과 머무르는 시간 그리고 그곳에서 무언가를 해내야 하는 정서적·정신적·신체적 압박의 밀도 등을 관찰하면, 분투하며 살아가는 직장인의 일상과 꼭 닮았습니다. 특히 아침 일찍 나서서 밤늦게 돌아오는 모습과 내면의 소진을 보면 더욱 그렇습니다. 우리는 왜 이렇게 된 것일까요? 앞으로도 계속 이래야만 할까요? 이후 어린이와 청소년의 삶에는 무엇이 남을까요?

지금도 직장인처럼 살고 있는데, 학업을 다 마치고 세상에 나와도 직장인의 삶이라면, 언제 우리는 어린이로 청소년으로 직장인으로 오롯이 살아볼 수 있는 것일까요? 직장인은 야근을 합니다. 때에 따라서는 자주 합니다. 청소년도 야근을 정말 밥 먹듯이 합니다. 다른 점은 초과 근무 수당과 같은 보상이 주어지지 않는다는 점 정도입니다. 어떻게 신성한 배움의 시간을 초과 근무 수당과 견줄 수 있느냐는 반론이 있습니다. 일리가 있습니다.

제 생각은 이렇습니다. 오전과 오후의 학습과 같은 형식과 주제로 야근까지 이어지는 청소년의 지루함과 이어지는 순응과 포기는 도대체 무엇으로 돌려받을 수 있을까요? 자연스럽게 이런 재반론이 이어질 것 같습니다. '보상이라니! 그것은 어린이와 청소년의 미래에 주어지는 것 아닌가?' 이렇게 생각하는 분이라면 지금의 어린이와 청소년이 앞으로 펼쳐질 파편화된 노동시장에서 어떤 처우와 역할을 맡으며 부자유한 계약을 해야 할지 냉정하게 살피길 권합니다.

밤에도 나가고 주말에도 나가고 방학 때도 나가는 무급 직장인에 가까워지고 있는 어린이와 청소년의 '시간

없음'을 봅시다. 그와 다름없을 미래를 내다봅시다. 지금 깨우치고 멈춰야 미래는 바뀔 것입니다. 어린이와 청소년과 동행하는 양육자의 어려움은 있습니다. 그 시간에 그곳이라도 가 있지 않으면 일상을 영위하기가 불가능하다고 호소합니다. 격하게 말씀드리자면 그곳이 함정일지언정 자신의 아이가 배제되는 것이 두려워 기꺼이 그 함정에 빠트릴 분위기가 우리 사회에 팽배한 것 같습니다. 이렇게 우리 삶의 뿌리가 뽑히고 있습니다. 우리 스스로 삶의 밑동을 도려내고 있습니다. 어린이와 청소년이 학업으로부터 해방된다는 본래 방학의 뜻과 만날 수 있는 여유로운 시간을 함께 찾기를 희망합니다.

크게 걱정해야 할 것은 아이들이 너무 바빠서 자신의 이야기도 다른 친구의 이야기도 말하거나 귀 기울여 들을 수 없는 이 허무맹랑한 과속입니다. 어린 시절은 한없는 여유로움으로 정상성을 증명해 왔습니다. 크게 달라진 상황은 어린 시절을 놀면서 보낼 수 없었던 세대가 아이를 양육하는 것에서 오는 어려움과 혼돈입니다. 최근 10년 안팎의 시기에 보이는 어린이의 바쁨과 질주는 어린 시절에 누구나 접속할 수 있었던 느리게 흐르는 시간과 단절시켜 버리는 무자비함이 실체입니다. 이 시기 아이에게 중요한 것은 '편안함 속에서 조용히 성장'하는 것입니다. 서두름과 재촉과 바쁨 속에서 어린 시절을 보낸 아이들이 지금 학교와 학교 밖에서 어떤 혼돈과 마주하고 있는지 보고 있지 않습니까?

뒤처진다는 말에 불안해하거나 속지 않아야 합니다. 사실은 반대입니다. 불안의 다음 장면에서는 확실성을 맹신하고 추종하고 강제합니다. 재촉하지 않으면 준비하지 않으면 뒤처진다는 세계관과 같은 나이에 같은 성취에 도달해 있어야 한다는 주장은 그래서 아이와 양육자와 교사의 삶과 배움의 동기를 파괴하는 악질적 유언비어입니다. 그러다 아이가 다치고 실패한다는 두려움을, 확성기를 켜고 전파하는 것 또한 악의적 공갈입니다. 성과주의, 성취주의, 성공주의는 뒤처진다는 미신이 만들어낸 가상의 도피처입니다. 아이에 대한 바람과 기대에 휩쓸려 오늘을 아이와 살지 못하는 것은 분명 '불행'의 징후가 아닐까요?

이런 말 아닌 말이 유아기까지 뻗어 오고 있습니다. 유아와 초등 저학년 아이에게 과락과 탈락과 낙인과 배제를 선언하는 것이 무엇을 뜻하는 것이며, 그것이 몰고 오는 파장이 어디까지 미칠지 알고 하는 것일까요? 그들은 무슨 면허와 면책으로 그리 함부로 이름 붙이고 겁박하는 것일까요? 아이가 관심이 생기고 준비가 되었을 때가 언제인지 알아볼 수 있는 여유와 밝은 눈이 필요합니다. 지금도 늦었고 뭐든 서둘러 해야 한다고 주장하는 사람이 전문가일 수 없습니다. 헛소리를 요란하게 늘어놓는 도금된 전문가가 늘고 있음은 우리 시대의 질병이며 암울함입니다. 올가미이고 덫입니다. 잘라내야 하고 벗어나야 합니다.

양육자는 한국 사회에서 까닭 없이 강도 높은 재촉과 비난을 받는 존재입니다. 특히 여성 양육자를 향한 모욕과 가짓수를 헤아리기 어렵게 밀려드는 동시다발적 과업은 남성 양육자와 견줄 수 없을 만큼 일방적이며 압도적입니다. 그런 흐름에 동의하거나 동조하고 싶은 마음이 조금도 없습니다. 지금은 진정한 양육의 '합리성'이 무엇인지 따져보고 구분해서 '불균형'과 가차 없이 결별해야 합니다. 성인이 행복하지 않은데 아이가 행복하기 어렵습니다. 사회가 행복하지 않다면 그곳에서 사는 사람이 행복할 수 없는 것과 같은 이치입니다. 나아가 엄마가 행복하지 않고서는 아이가 행복할 길도 원천적으로 막힌다는 순리에 두려움을 가져야 합니다. 더 나아가 양육자가 없어도 아이가 행복을 찾아갈 수 있는 사유와 환경을 만드는 데 태만해서는 더더욱 안 됩니다.

늦는 것이 왜 문제인가요? 문제가 아닙니다. 그런데 왜 문제라고 할까요? 문제로 보아야 일이 시작되기 때문입니다. 관심이 생기고 준비가 되어야 아이는 배웁니다. 서두르면 많은 귀한 것들을 차례로 잃습니다. 놀이 또한 예외가 아닙니다. 놀이에 관심이 없고 놀 준비가 되지 않은 아이를 강제로 놀게 한다고 생각해 보세요. 이보다 끔찍한 일이 있을까요? 아이는 이후 자신에게 문제가 있다고 생각하고 주저하며 하지 않으려 할 것입니다. 이것은 한 아이의 어린 시절을 너무 심각하게 무너뜨리는 일입니다.

부디 여유를 가지길 바랍니다. 불안을 부추기는 선전에 속아 서둘러 나서 애써 장애를 조기에 떠안을 까닭이 없습니다. 아이는 지혜로워서 천천히 자기 속도와 보폭으로 길을 냅니다. 아이가 놀 때 늘 발견되는 눈부신 아름다움을 쫓기지 않는 여유로움 속에서 볼 수 있기를 바랍니다. 내가 바쁘면 아이를 재촉하게 되고 아이는 어리둥절합니다. 저는 이것이 한국 사회에서 목격할 수 있는 가장 아픈 장면 중에 하나라고 생각합니다.

강퍅한 '표준화'에 아이의 성장과 발달을 억지로 맞추려다 풍부한 '상상력'과 꿰뚫어 보는 '직관력'과 전체를 보는 '통찰력'을 풍부하게 지닌 아이를 잃어버리는 일이 없었으면 하는 마음 간절합니다. 유리구두에 발뒤꿈치를 잘라 맞추는 억지와 표준화는 거부해야 합니다. 여유가 배움의 서식지입니다. 여유 속에서 아이가 할 수 있는 만큼 하는 것으로 충분합니다. '여유로운 시간'이면 놀이를 할 수 있고 아이가 건강하게 성장할 수 있는 조건이 두루 갖추어진 셈입니다.

 무엇이 더 필요한가요? 거꾸로 이런 '여유로운 시간'이 지금 아이에게 없다면 우리는 아이에게 모든 것을 다 빼앗았다고 해야 할 것입니다. 여유로운 시간을 가리거나 숨기거나 가로채지 않고 아이에게 맡기는 것이 양육의 첫걸음입니다. 놀이 시간이 따로 필요 없는 까닭이기도 합니다. 아이는 언제나 놀아야 하고, 그렇게 놀고 있으니까요.

장난감, 적어도 좋아

 장난감에 관한 짧고 강렬한 이야기가 있습니다. 아이는 뛰어나와서 선물 받은 장난감을 가슴에 품지만, 얼마 지나지 않아 포장 상자를 더 오래 가지고 놀더라는 이야기입니다. 이것만큼 상업적 장난감이 아이에게 어떤 물건인지 잘 알려주는 일화도 찾기 어렵습니다. 왜 그럴까요? 포장 상자는 무엇이든 될 수 있기 때문입니다. 그렇다고 세상의 모든 장난감을 수거해 한곳에 버려야 한다는 과격한 주장을 하려는 것이 아니니 마음 놓으세요. 판매를 목적으로 만들어진 장난감 나름의 쓸모와 편리함을 부정하고 싶지는 않습니다. 그러나 상업적 장난감이 없었던 시절을 살았던 아이 역시 마냥 심심하게 하루를 보냈던 것은 아니라는 말을 하고 싶습니다. 아이는 무엇이든 가지고 놀았으니까요.
 장난감 없이 놀았던 세대와, 장난감이 텔레비전 광고와 문방구 앞에서 아이를 부르던 세대가 있었습니다. 놀거리를 직접 만들어 놀던 시대의 놀이는 장난감 광고가 흑백텔레비전에 나오면서부터 1차 격변을 맞이합니다. 장난감 마케팅이 놀이에 퍼부은 첫 번째 공습이었습니다. 그 시절을 맞이했던 아이의 어린 시절은 이전 세대가 경험하지 못했던 '놀이의 상품화' 물결에 휩싸입니다. 1차는 이렇게 대량 생산되는 장난감에 의해, 2차는 미디어에 의해, 3차는 게임과 SNS(소셜네트워크서비스)의 출현으로 놀이는 커다란 변화를 맞이합니다. 1970년대 이전에 놀이라고 하는 것은 장난감이라는 사물보다는 아이의 온전한 활동이었으니까요. 1990년 후반부터 시스템 밖에서 작동하던 어린이와 놀이라는 톱니바퀴가 부러지면서 시스템 안으로 굴러떨어져 갇혀 버립니다. 상업적 장난감에는 치명적 결함이 있었기 때문입니다. 상상력과 창의성의 부재와 제거입니다. 교육용 장남감이라 선전하는 것도 예외 없습니다. 교육용 또는 학습용 보드게임도 마찬가지입니다. 어린이는 3차원(3D) 세상과 일상적으로 마주할 수 있어야 하고 그것이 놀이의 서식지이기 때문입니다.

  장난감을 아이 주변에서 물리치는 것은 가능하지 않습니다. 그럴 필요도 없습니다. 다만 양육자와 친척과 손님이 이러저러한 기념일에 전달하는 장난감으로 포위되어 허우적이고 있는 아이의 모습을 냉정히 보아야 합니다. 아이는 계속해서 또 다른 장난감을 원합니다. 이것은 장난감이 가진 속성을 잘 보여줍니다. 장난감은 어떤 물건보다 기능과 쓸모가 빠르게 낡아지는 사물입니다. 장난감은 대부분 기능에 충실하게 가지고 놀 수밖에 없습니다. 놀이터의 시소가 그렇듯이 말입니다. 설명서는 교본과 같습니다. 번호를 매겨 순서를 나열해 놓은 교본을 되풀이해서 보는 아이가 얼마나 될까요? 무슨 재미가 있을까요?

장난감은 자유놀이와 달리 기능에 순종하게 만듭니다. 레고는 다르지 않냐고 할 테지만, 최근 레고 판매장에 가보면 레고 또한 예전과 달리 완제품과 대형화된 제품이 벽면을 가득 채우고 아이를 유혹하고 있습니다. 그 옛날의 레고가 아닙니다. 이 레고 제품에서 저 레고 제품으로의 이동과 분리와 결합과 호환이 자유롭지 못합니다. 완성체를 만들어 전시하고 팔짱 끼고 바라보며 만족하는 흐름이 주된 경향이 되었습니다. 분명 놀이와는 좁힐 수 없는 거리가 벌어지고 말았지요. 레고가 놀이에서 점점 멀어져 장난감으로 몰락하는 것입니다. 해체된 벌크 상태에서 다시 창조하는 즐거움을 점점 잃게 만들고 있으니까요. 놀이가 마케팅과 소유욕과 보여주고 싶은 욕망과 뒤섞여 구분되지 않는 것은 안타까운 일입니다. 본래 아이는 장난감이나 놀잇감이 아닌, 온갖 물건을 가지고도 얼마든지 충만한 시간을 보내며 풍요롭게 놀 수 있는 위대한 탐구가인데 말이지요.

장난감 이야기에 하나 덧붙입니다. 바로 '총' 이야기입니다. 보통 이 주제는 피하거나 얼버무리는 경우가 많습니다. 조심스러운 탓도 있지만, 그간의 놀이 임상 경험을 솔직히 말씀드리자면 정확히 알지 못하거나 책임을 피하고 싶어서입니다. 정면에서 다루어 보겠습니다. 특히 남자아이를 둔 양육자의 고민이 깊습니다. 아이들 가운데 밀덕(밀리터리덕후)이 꽤 있기 때문입니다. 어떻게 이러한 끌림을 이해하고 지원하고 옹호해야 할까요?

먼저, 아이의 욕구를 이해하는 것에서 출발하기를 권합니다. 아이가 총놀이 또는 전쟁놀이를 간절히 하고 싶다는 것입니다. 여기에서 중요한 것은 총과 전쟁이 아니라 짐작하셨겠지만 '놀이'입니다. 그리고 놀이에서 가장 중요한 것은 '상상'입니다. 특별한 경우를 제외한다면 대부분 아이의 총놀이와 전쟁놀이는 '상상놀이'의 범주 안에 들어옵니다. 다시 말해 실제로 죽거나 죽이고 싶어 하는 놀이가 아니라는 것을 분명히 파악해야 합니다. 여기서 오해가 시작됩니다. 그런데 완성된, 다시 말해 제품으로 파는 실물 모형총은 상상과는 거리가 멉니다. 그에 앞서 아이가 총으로 삼을 만한 주변에 있는 그 무언가를 거꾸로 거머쥐고 "탕탕탕! 두두두두!" 거리는 모습을 자주 보았을 것입니다. 입으로 총소리를 내고 가끔은 그 상상의 총알에 자기가 맞은 척 격하게 쓰러지기도 합니다. 연극이고 놀이입니다.

제가 흔히 보는 모습은 아이가 이 시기에 주변의 온갖 것들을 총동원해서 총을 직접 만들기 시작한다는 것입니다. 이때는 상상과 총과의 거리가 없어집니다. 비로소 '상상의 총'이 아이 손에 쥐어집니다. 아이가 이러다가 전쟁을 배우고 살인을 배우는 것이 아니냐며 서둘러 단정하고 제지하며 앞서 놀랄 필요는 전혀 없습니다. 오히려 이런 놀이를 충분히 할수록 양육자가 걱정하는 아이의 감정과 행동이 해소되고 완화됩니다. 즉자적인 감정과 인상으로 판단하고 막아서고 금지하면 오히려 자연스러운 욕구 해소의 길이 막혀 다툼과 큰소리와 부작용만 커질 것입니다.

혼란에 빠지지 않으려면 어린이에 관한 명징한 이해가 필요한데, '총'에 관한 것처럼 의외로 거꾸로 알고 있는 경우를 자주 봅니다. 아이는 현실과 상상을 구분합니다. 만든 총을 가지고 친구들과 놀면서 현실 속 살인과 상상 속 죽은 척의 차이를 분명히 구분하는 법을 자연스럽게 배우니까요. 둘은 결코 혼동될 수 없습니다. 총을 가지고 상상놀이의 경험을 충족하려는 아이에게 친절해야 합니다. 그들이 '상상의 총'을 자유롭고 다양하게 만들 수 있는 재료와 도구를 제공하고 '상상 전쟁놀이'를 가볍고 편안한 마음으로 할 수 있는 시간과 장소를 지원하는 것이 우리가 할 일입니다. 물론 함께할 친구도 있어야겠지요.

창조할 수 없는 고통

 양육자의 공통된 걱정의 중심에는 '게임'이 있습니다. 다른 어려움도 많지만 '게임'에 관해서 특별히 '걱정과 두려움'이 큽니다. 왜일까요? 게임 때문에 어린이와 청소년이 이 시기에 해야 할 무언가를 하지 못하거나 크게 방해받는다고 보기 때문입니다. 그러나 세상을 살아갈 어린이와 청소년은 꽃도 알아야 하지만 뱀도 알아야 합니다. 온라인에서 참과 거짓, 팬덤과 편 가르기 또한 비교와 검토를 통해 분별할 수도 있어야 합니다. 어린이와 청소년이 있는 가정에서 소란스러운 갈등의 중심에 게임이 있고, 그 갈등의 핵심은 게임 '시간'에 관한 양쪽의 팽팽한 제한과 저항일 것입니다. 게임 시간이 더 필요하다는 주장과 지금도 한참 많다는 반론입니다.
 먼저 게임의 위해성과 순기능을 논하는 것과 한창 논쟁 중인 양쪽 입장에 관한 판단은 잠시 내려놓겠습니다. 다만, 컴퓨터와 모바일을 이용한 학습의 효율 또는 혁신, 그리고 게임의 해악이나 악영향은 아직 분명하고 충분히 입증된 바 없다는 말은 분명히 해야겠습니다. 현재 충분히 가치가 입증된 것은 '자유놀이'가 유일하다는 말을 덧붙입니다. 아울러 기술 발달이 우리가 맞닥뜨린 여러 문제를 푸는 열쇠가 될 수 있다는 생각에 저 또한 동의하지 않습니다. 여기서 잠깐 스티브 잡스가 남긴 말을 함께 경청해 보면 좋겠습니다.

"저는 아마도 지구상 그 누구보다도 가장 많은 컴퓨터 장비를 학교에 기증하는 데 앞장섰을 겁니다. 하지만 저는 기술만으로 문제를 해결할 수 없다는 결론에 도달했습니다. 교육의 문제는 기술로 해결할 수 없습니다. 어떤 기술도 이 문제를 해결할 수 없습니다."

스무 해 넘도록 어린이의 놀이와 놀이 환경을 공부해 왔습니다. 그러다 보니 더러 게임을 둘러싼 논쟁에서 저의 견해가 단호하고 부정적일 것이라 보는 분이 있습니다. 이를테면 게임의 과잉된 폭력과 집착이 어린이와 청소년에 미치는 악영향이 크니 게임을 줄이거나 금지하고 아이를 놀게 해야 한다는 견해를 가지고 있을 것이라 보는 시각입니다. 그렇지 않습니다. 저는 게임 제지론자 또는 금지론자가 아니며 게임이 모든 악의 근원이라고 생각하지 않습니다. 나아가 게임이 어린이와 인류에 끼치는 긍정적인 면이 있음을 분명히 헤아리고 있습니다.

가상세계 속으로 삶의 공간을 확장하고 그 속에서 공동체를 형성하고 거기서 발생하는 문제에 관해 협업하는, 앞선 세계에서 좀체 발현되기 어려웠던 일이 일어나는 것은 일단 긍정적인 지점이 아닌가 합니다. 실제 놀이 공간의 부족에서 오는 결핍을 너른 가상공간으로 이동해 해소하는 일도 다른 시각으로 볼 필요를 느낍니다. 대면하지 않아도 친구를 만날 수 있다는 것은 대면하지 않고도 놀 수 있다는 말입니다. 특히 내성적인 정체성으로 직접적인 소통에 어려움을 겪는 경우라면 매우 원활한 신진대사를 만들어내는 유익한 방식이 아닐까요? 이렇듯 기회와 가능성을 확장시키는 것은 게임의 긍정적인 면으로 보아야 할 것입니다.

최종적으로 저는 게임을 놀이라는 큰 세계의 부분으로 파악하고 있습니다. 그렇다면 연이어 두 가지 질문이 들이닥칩니다. 하나는 게임을 많이 해서 나빠지는 어린이와 청소년을 보지 못했느냐, 또 하나는 게임을 과연 놀이로 볼 수 있느냐입니다. 이에 대한 저의 견해는 단순합니다. 두 번째부터 답을 하자면, 게임은 놀이입니다. 어린이가 놀면서 배우듯이 게임 속에서 배우는 것이 있으며 실제 삶에도 적용합니다. 게임은 이제 어린이와 청소년과 성인 모두에게 놀이이면서 초기설정값이며 하나의 생활양식입니다.

그렇다면 게임을 지나치게 변호하는 게 아니냐고 되묻습니다. 여러 어린이에게 물었습니다. 지금 게임을 할까? 아니면 성인의 간섭 없이 밖에서 친구와 놀까? 어떤 대답이 많았을까요? 네! 예상과 달리 두 번째 답이 압도적입니다. 때로는 우리가 어린이를 크게 잘못 이해하고 있음을 인정해야 합니다. 아이는 게임도 필요하고 놀이도 필요합니다. 이 대목에서 긴요한 논의의 출발은 왜 어린이와 청소년이 게임에 그토록 자발적이고 능동적으로 접속하고 참여하는가에 관한 객관화입니다. 이 과정을 생략하고 게임을 비난한다면 울림 없는 메아리가 될 것입니다.

여기서 잠시, 놀이를 긴 시간 붙들고 있었던 사람으로서 놀이가 최선의 상태에 다다른 '자유놀이'의 가치와 속 깊은 의미에 관해 게임과 견주어 이야기해야겠습니다. 놀이에서 특히 어린이와 청소년의 건강한 성장과 발달에 직접적이고 가장 강력한 도구인 '자유놀이'는 '자유로운 선택과 자기 지시'에 근거합니다. 다시 말해 무엇을 하고 놀 것인가를 놀이 주체가 스스로 선택하고 결정할 수 있는 구조입니다. 그렇다면 2024년을 사는 어린이와 청소년은 어느 정도의 자유로운 선택이 가능한 환경 속에서 살고 있을까요? 참고로 선택의 제한은 권력이 작동하고 있거나 압도되고 있다는 뜻입니다.

순수한 놀이도 장점이 있지만, 게임도 자유로운 선택이라는 놀이에서 가장 중요한 준거로 본다면 장점과 유익함이 적다고 할 수 없습니다. 게임이라는 것은 어찌 보면 플레이어의 자기 주도적 선택의 연속으로만 앞으로 나아갈 수 있는 특성이 내재합니다. 게임이 놀이로부터 물려받은 최대 유산입니다. 이렇듯 실제 내용과 선택의 방식이 다양하고 자유로운데 어떻게 어린이와 청소년더러 게임을 줄이고 피하고 멈추라 할 수 있을까요? 게임은 어린이와 청소년이 살아가는 실체적이며 실존적인 서식지입니다. 물론 게임이 유익한 것으로만 가득 찬 것은 아닙니다. 게임업자가 중간중간 파놓은 계급과 계층과 등급과 현질의 부비트랩이 곳곳에 설치되어 있어 사용자인 어린이와 청소년이 온전한 자기 결정으로 뿌리치기 쉽지 않은 유혹과 악의가 존재합니다.

놀이가 숏폼이나 게임, 도박과 근본적으로 다른 점이 있다는 것도 말씀드려야 할 것 같습니다. 숏폼, 게임, 도박은 하면 할수록 목마르고, 중단하면 도파민이 급격하게 줄어들어 우울해집니다. 그러나 놀이는 하는 과정에서도 도파민이 나오지만 놀이가 끝나도 도파민이 천천히 줄어들며 낮고 길게 흘러 좋은 기분이 이어집니다. 놀이는 즉각적 보상을 주기보다는 장기적 보상을 줍니다. 커다란 차이입니다. 놀이에 중독이나 부작용이 적거나 없는 까닭입니다.

'중독'이라는 말을 너무 쉽고 자주 쓰는 것에도 주의를 기울여야 합니다. 의학적으로 '중독'이라는 것이 그렇게 쉽게 이름 붙여지는 것도 아닙니다. 중독이라 일컫기에 한참 모자란 것도 중독이라 불러 유익한 것이 없습니다. 어린이와 청소년의 게임과 SNS와 스크린과 관련하여 빈번하게 쓰이는 '중독'이라는 언어가 여기에 딱 해당합니다. 게임에서 레벨을 올리는 것은 엄청난 쾌감을 안기지만 곧 반감기를 연속으로 맞는 것과 역구조입니다. 숏폼과 게임과 도박 베팅은 매우 짧은 시간 강력하고 신속한 쾌감을 공급하지만 멈추면 급속도로 휘발되어 불쾌함과 불안의 나락에 떨어집니다. 또다시 숏폼과 게임과 도박에 접속하게 만드는 되먹임 구조에 갇히게 되는 것입니다. 자율은 산산이 해체되고 타율이 그 자리를 차지합니다. 이러한 도파민의 과도한 분출과 이어지는 상실의 반복은 타율적 상황에 길들여지는 최적의 환경입니다. 도박이 그 정점에 있습니다. 이 정도면 중독이라 이름 붙일 만한 상태입니다.

놀이는 이와 달리 유장한 만족감을 주어 내면의 자율적 보상과 만나게 합니다. 이른바 '움직이고 궁리하고 창조하는 기쁨에서 오는 행복'입니다. 불안이나 우울함이나 금단이나 중독으로 이어지지 않고 즐거움으로 가는 제3의 경로입니다. 결론적으로 놀이는 도파민을 제어할 수 있는 핸들을 잡고 있지만 숏폼과 게임과 도박은 도파민에 끌려다니는 상태로 만듭니다. 여전히 아이에게 놀이가 가치로운 까닭입니다. 도파민이 급격하게 증가했다가 급격히 감소하는 것과 달리 자유놀이를 하는 과정과 마치고 난 이후에 도파민이 일정하게 낮고 천천히 흐른다는 것을 눈여겨보아야 합니다.

바야흐로 아이부터 성인에 이르기까지 도파민을 갈망하는 시대에 들어섰습니다. 강력한 쾌락 이후, 불쾌함과 불안과 우울과 의욕 저하와 금단과 내성으로 끌려갈 것인지 자율과 자유와 소소한 즐거움의 길로 스스로 들어설 것인지 선택의 갈림길에 어린이와 청소년 또한 서 있음을 봅니다. 우리는 아이와 함께 어디로 가야 할까요?

그 틈을 비집고 기생하는 온라인 범죄와 윤리의 문제는 좀 더 깊은 사회적 논의가 있어야 합니다. 예를 들어 어린이와 청소년의 온라인이나 디지털 도구의 접근과 사용의 자율성과 자기 선택권은 어린이의 자기 결정을 옹호하는 놀권리와 상당한 충돌과 논쟁이 예상됩니다. 한 차원 높은 지혜와 두 차원 높은 냉철함이 양육자와 교사에게 절실한 때가 아닌가 합니다.

자포자기와 밀어붙임 모두를 경계해야 할 것입니다.

어린이와 청소년이 실제로 자동차 운전을 배우는 데 신체적 또는 인지적 부족함이 없지만 성인이 되기까지는 운전면허를 취득할 수가 없는 것처럼 온라인과 디지털 세계에서도 '자신과 타인의 생명 윤리'에 관한 단계적이며 점진적인 기준은 필요할 것으로 판단합니다. 그 과정이 순탄치는 않을 것입니다. 지혜와 책임감을 품은 품위 있고 건설적인 논의의 장이 마련되기를 바랍니다. 극도로 경쟁화·상업화·도박화된 게임의 경향을 떠난다고 하더라도 게임 시간이 늘어남에 따라 건강한 성장에 필수적인 요소인 수면이 줄고, 신체활동이 줄고, 사람과의 실제적인 관계가 줄어드는 것은 큰 손실이 분명합니다.

하루 가운데 스크린을 보면서 보내는 시간이 학교의 수업 시간보다 많은 경우도 분명 늘고 있습니다. 텔레비전이나 태블릿 화면을 장시간 보는 어린이의 뇌파가 뇌사상태 뇌파와 유사하다는 연구는 충격적이지만 차분히 살펴보면 어린이의 뇌가 반응할 만한 것이 없다는 뜻이기도 해서 의미심장합니다. 신체는 계속 변하고 있어 그에 알맞은 실제 공간과 환경과 도구가 깊고 촘촘하고 넓게 필요한데 말이지요. 여기서 게임과 다른, 놀이의 분명한 유익함이 역으로 드러납니다. 놀이는 거꾸로 수면을 늘리고 활동을 늘리고 관계의 밀도를 높입니다. 관계지향은 게임에도 두드러진 특징입니다. 롤플레잉(Role-

Playing)이 웅변적으로 보여줍니다. 흔히 걱정하는 멀티태스킹(multitasking) 또한 명암이 각각 존재합니다.

앞서 보시다시피 게임에도 꽤 긍정적인 것을 발견할 수 있습니다. 하물며 게임도 자유로운 선택과 결정을 제공하는데, 어린이와 청소년이 실제 삶에서 겪는 자유로운 선택과 결정에 관해 우리는 왜 그렇게 인색할까요? 혹 게임도 그만하고 놀이도 그만하고 그 시간에 공부만 했으면 좋겠다는 의도가 들킬까 두려워 게임을 비난하는 것일까요? 이렇듯 게임은 필요 이상의 누명을 쓰고 있고 필요 이상 대속(代贖)하고 있습니다. 그렇게 게임이나 기술의 부정적인 부분을 소리 높여 비난한다고 해도 우리가 어린이와 청소년에게 했던 일상적 간섭과 제지와 금지의 발자국이 사라지는 것은 아님을 기억해야 합니다. 나아가 우리가 현재 어린이와 청소년이 겪는 고통과 무기력에 관해 혐의를 벗는 것은 더더욱 아닐 것입니다. 그들 또는 게임을 비난하는 성토대회가 성황리에 끝나면 나와 우리를 성찰할 여지는 없어집니다. 게임과 놀이는 가까운 피를 나눈 형제와 자매라는 점을 이해해야 합니다. 게임도 놀이도 익숙해지기까지는 상당한 숙련을 해야 하는 수고로움이 따르고, 꽤 세련되고 정교한 집중력과 다중적 사고와 같은 높은 정신적 기술도 필요합니다. 만약 이러한 것을 섬세하게 살피지 않고 게임을 만악의 근원으로 지목하고 금지를 일삼는다면 게임 당사자의 따돌리기와 항쟁을 피할 수 없습니다. 저항은 이미 동맹과 봉기로 진화하고 있습니다.

지금은 늘어나는 '게임 시간'의 과잉을 걱정하는 동시에 제한적이고 은폐된 어린이와 청소년의 '자유놀이 시간과 자유놀이 환경'의 부재를 돌아보고 대안을 마련할 때입니다. 누군가 일방적으로 게임을 나무라고 공격하며 부정적으로 몰아간다면, 놀이 환경은 어떻게 가꾸고 있는지 '돌아보기'를 권하겠습니다.

이제 첫 번째 질문에 대한 답을 해볼까 합니다. 대답을 질문으로 해보겠습니다. 어린이와 청소년이 게임을 많이 해서 나빠지는 것일까요? 아니면 현실에서 도무지 자유로운 자기 선택과 결정을 실행할 수 없어 마음이 힘들고 불안하고 답답하고 우울해서 게임에 몰두하는 것일까요? 현실 세계는 아이를 밀치고 가상 세계는 아이를 당깁니다. 아이는 어디 서 있어야 할까요? 한 인간이 자율적으로 결정할 수 없다면 성장과 자신감과 행복과 연결되기란 애당초 불가능한 일이 아닐까요? 아이가 놀 줄 안다는 것은 스스로 행복을 찾아갈 수 있다는 뜻입니다. 그렇지 않다면 나와 타인에 관한 존중과 관계의 줄이 끊어지는 것 또한 당연합니다. 성인의 간섭과 통제에서 벗어나는 자유놀이는 어린이와 청소년에게는 행복의 샘물을 마시게 합니다. 더 많이 놀수록 더 행복한 까닭입니다. 이것이 놀이와 게임과 자유와 불안과 우울의 상관관계입니다. 아이 가까이 있는 성인 또한 게임에 관한 불안과 죄책감을 더는 자발적으로 발명하지 않기를 부탁합니다.

더불어 어린이와 청소년의 SNS 사용에 관한 걱정도 아래 짧은 글로 미루어 짐작해 주기를 바랍니다. 쫓기고 바쁘고 할 것이 많아 이리저리 옮겨 다니느라 친구들과 직접 만나 소통할 수 있는 잠시의 틈도 없는데, 그것마저 관리하고 감시하고 제지하겠다고요! 정말 어린이와 청소년에게 그렇게까지 주도면밀하거나 까다롭지 않았으면 합니다. 성인의 '압박 밀착 관리'에 어린이와 청소년이 숨을 쉴 수도, 몸을 움직일 수도 없습니다. 그보다는 낱낱이 감시당하고 있는 성인인 우리의 삶을 돌아보는 것이 어떨까요? 간섭 당하니 간섭한다는, 감독 당하니 감독한다는, 금지 당하니 금지한다는 고리를 벗을 때입니다. 관리하고 감독한다고 마음이 편하지 않습니다. 관리하고 감독할수록 주체는 피폐해집니다. 이 이야기가 게임과 SNS를 걱정하는 양육자께 닿기를 바랍니다. 양육자의 편리와 안녕을 위해 아이가 존재하는 것이 아닙니다.

아이의 삶이 더는 성인에게 지나치게 관리되거나 조

작되지 않기를 바랍니다. 어린이와 청소년이 대규모로 게임과 SNS와 엔터로 향하는 탈주와 망명을 보세요. 현실에서 실제적 연결이 좌절되면 아이는 온라인에서 연결을 가열하게 시도할 것입니다. 중요한 것은 둘 다 필요하다는 넓은 아량과 지혜입니다. 진단과 평가와 걱정은 다음입니다.

꼭 말해야 할 것이 있습니다. 아이의 가장 큰 고통에 관해서입니다. 궁극적으로 아이의 가장 큰 고통은 창조할 수 없는 고통이었습니다. 이러한 아이의 고통은 동기와 자유와 떼려야 뗄 수 없습니다. 뒤에서도 살펴보겠지만 아이의 자유와 동기가 없는 곳에 늘 고통이 있고 고통이 있다면 동기와 자유의 공기가 희박한 까닭입니다. 아이의 고통에 집중해야 그들의 동기와 자유를 침해하지 않을 수 있습니다. '자유와 동기와 고통'의 상관관계에 관한 이해가 절실합니다.

놀랍게도 우리 사회는 아이에게 오랫동안 창의적이면 안 된다고, 궤도에서 벗어나면 안 된다고, 정해 준 길로 가야 한다며 은연중 압박하고 강요하고 있습니다. 다른 생각하지 말라는 것은 상상하지 말라는 것입니다. "상상을 멈추고 암기해!" 이것은 우리 교육의 오랜 그늘입니다. 어린이는 "딴생각!"을 할 수 있는 위대한 존재인데 말입니다. 그러니 어린이와 청소년이 무슨 수로 게임과 엔터와 SNS와 동맹을 맺지 않을 수 있을까요? 현재의 시간을 자신의 동기에 충실하게 사는 것도 금지하고, 가상 세계도 중독될 수 있다고 넘겨짚어 금지하고, 다음에 대대적으로 금지할 것으로 또 무엇을 준비하고 있을까요? 어린이 가까이 있는 성인이 금지밖에 외칠 줄 모르거나 금지밖에 생각할 줄 모른다고 믿고 싶지는 않습니다. 이렇듯 현실도 가상도 상상도 모두 금지로만 틀어막으려는 무모함을 멈추고 촘촘히 성찰할 때입니다. 어린이와 청소년을 정작 말려 고사시킬 작정이 아니라면 말입니다. 이제는 구분할 수 없을 만큼 게임과 SNS 둘의 결합은 결정적입니다. 창의 생산자가 일찍이 창의 구매자로 바뀌는 것을 지켜보는 것은 그래서 제게 안타까움을 넘어 깊은 통증을 안깁니다.

얼마 전까지만 해도 그들은 참신한 것을 말하고 노래하고 춤추고 행동하고 만들 수 있는 역량을 가지고 있었는데 어느새 소진되어 엔터 기업의 소비자로 빠르게 바뀌는 모습에 눈물 납니다. 도무지 호기심이 일어나지 않는 시간과 공간과 주제에 긴 시간 붙들려 몸부림치는 어린이를 마주할 때 더 그렇습니다. 여덟 살배기 어느 남자 아이의 말이 귀와 마음에 남아 떠나질 않습니다.

"어른들은 걱정이 너무 많아, 호들갑이 너무 많아, 하

지 말라는 게 너무 많아!" (2020년 3월 12일)

어린이가 놀이터 디자이너

그리운 놀이터 친구이자 교사였던 귄터 벨치히(Günter Beltzig) 선생님은 제게 말씀하셨습니다. "어린이는 언제든 어디서든 놉니다." 이 말씀을 선생님 살아계실 때 가까이서 자주 들었지만 당연한 얘기라 생각했습니다. 2022년 겨울 선생님이 돌아가시고 무엇을 말씀하신 것인지 새삼스럽게 깨우칠 수 있는 여정에 비로소 다다라 그리움이 깊어집니다. 선생님의 평생 동반자였던 이리 벨치히(Iri Beltzig) 여사님을 2023년 다시 찾아뵙고 동의를 구하고 허락을 얻어 이 책에 인용했습니다. 오래전 두 분은 함께 세상을 바꾸고 싶어 했고, 그 시작은 '어린이'였습니다.

우리는 이미 알고 있습니다. 아이는 언제든 어디서든 논다는 것을 말입니다. 다만, 이 명제를 받아들이지 않으려고 피하고 돌아서고 모른 체하고 때로는 무시하며 살기에 바빴던 것이겠지요. 이제 아이가 언제든 어디서든 무엇을 가지고도 어떻게든 놀 수 있는 곳으로 핸들을 조금씩 돌려 봅시다! 여러 사정이 있겠지만, 특별한 무언가가 없어도 지금 당장 아이와 놀 수 있는 간단하고 명료한 길 찾기를 포기하지 않았으면 합니다. 놀이터가 필요 없고 따로 놀 시간도 필요 없고 나아가 놀이기구도 장난감도 필요치 않다는 주장을 받아들이면 어려움이 생길 분들의 마음과 형편도 헤아려집니다.

우리의 두려움 때문에 아이를 제한하는 길로 몰아가지 않아야 하는 것이 어린이와 놀이를 옹호하는 우리의 소명이라 생각합니다. 제한하는 것이 양육자와 교육자의 일일 수 없습니다. 아이가 할 수 있는 환경을 만드는 게 우리의 일입니다. 이것이 자유놀이의 제1의 덕목입니다. 그 속에서 어떻게든 놀려고 애쓰는 아이를 날마다 마주하는 것이 기쁨입니다. 아이는 선택하고 결정하고 해결할 수 있는 놀이 환경이 필요합니다.

엄밀한 의미에서 성인은 놀이터 디자이너가 될 수 없습니다. 아이가 노는 것을 잠시만 지켜보아도 그들은 인제 어디서나 완벽한 놀이터 디자이너임을 알 수 있습니다. 아이가 스스로 놀이와 놀이터를 디자인하는 존재라는 것을 다시 배우고 있습니다. 이미 놀이터 디자이너인 아이의 고유한 특성을 더는 빼앗지 않기로 했습니다. 아이가 도착하기 전에 놀이 환경을 디자인하는 월권을 멈추고 아이가 놀이터를 디자인하는 데 필요한 것이 없는

지 준비하기로 했습니다. 놀이터 디자이너는 따로 필요 없습니다.

  지금 놀고 있다면 그 아이가 놀이터 디자이너입니다.

장애물은 언제나

 어린이가 스스로 선택하고 변화를 만들 수 없는 체험과 프로그램과 놀이와 놀이터가 늘고 있습니다. '놀이'가 붙었다고 다 놀이인 것은 아니며 '놀이'를 넣었다고 모두 다 놀이터는 아닙니다. 수학놀이, 영재놀이, 인성놀이처럼 아무것 뒤에다 '놀이'를 달아 어린이와 양육자를 눈속임하는 것에 밝은 눈을 떠야 합니다.
 어린이 놀이는 '자유놀이'와 '상상놀이'에 뿌리를 두어야 합니다. '자유'와 '상상'과 '호기심', 이 셋을 발견할 수 없는 놀이는 행사나 체험이나 프로그램 가운데 하나입니다. 이런 이벤트의 연속에서 아이가 '책임감'을 배운다는 것은 무척 어려운 일입니다. 분명한 것 하나는 어린이 가까이에는 지시하는 성인보다 책임감 있는 성인이 있어야 한다는 점입니다. 성인의 권위는 바로 책임감에서 비롯합니다. 책임지려는 성인을 어린 시절 만났다면 어린이는 성인이 하는 말과 행동에는 까닭이 있다고 생각할 것입니다. 만약 책임감이 있는 성인을 만나지 못했다면 어떨까요? 성인의 결정을 신뢰하지 않을 것입니다. 이와 같은 성인에게서 아이는 권위는 없고 권위주의만을 볼 것입니다. 여기서 성인은 양육자와 교사를 포함합니다. 성인의 어린이를 향한 결정에는 어린이가 이해하고 수용할 수 있는 '합리성'이 내재해야 합니다. 상황을 바라보는 성인의 인식이 합리적이라면 어린이도 이해할 것입니다. 가장 큰 문제와 갈등은 성인 역시 합리적이라고 생각하지 않는 것을 어린이에게 관철하려고 할 때 발생하는 것이 당연합니다. 저는 만약 '양육과 교육의 도(道)'라는 것이 있다면 '합리성'이라 생각합니다. 일단 복잡한 것을 내려놓고 '양육과 교육의 합리성'에서 시작했으면 합니다. 다음으로 필요한 것은 어린이를 속이지 않는 진실한 말과 태도입니다. 자유, 상상, 호기심과 책임감의 관계에 관해서는 뒤에 따로 이야기할까 합니다.

딱히 뭐라 이름 붙이기 어렵지만, 자유가 있고 상상할 수 있고 실험할 수 있다면 그것은 이미 놀이고 놀이터입니다. 마이크 잡고 떠드는 행사화, 이벤트화, 기획된 놀이를 뒤로하고 자유와 상상과 실험 속으로 아이를 조용하고 느리게 초대해야 합니다. 마침내 놀이는 어린이 스스로 '해방'을 만끽하는 일입니다. 자전거 뒤에서 늘 잡아주던 아빠가 손을 놓았을 때 저 혼자 앞으로 달려가면서 느꼈던 그런 해방 말입니다.

양육자나 교사와 같은 성인에게서 벗어났음을 알았을 때, 그 설레고 투명하고 산뜻했던 첫 기분을 기억하나요? 어려서 놀았던 즐거운 기억을 떠올렸을 때 그 장소에 성인이 있었나요? 그들이 우리가 어디에 있는지 모른다는 것이 얼마나 큰 신선한 느낌을 주었는지 기억하나요? 놀이에서도 마찬가지입니다. 특히 성인이 마이크에 스피커를 연결해 큰 소리로 떠들며 안내하고 주도하는 놀이가 큰 문제입니다. 그것은 성인의 간섭과 주도로 오염된 놀이와 놀이터입니다. 놀이 코치는 필요치 않습니다. 이러한 성인 주도 놀이 활동은 해악이 커 심각한 논의가 필요하며 매우 최소화되어야 합니다. 무가치하다고는 할 수 없습니다. 다만 헤아려야 합니다. 그렇지 않아도 성인 주도 활동에 치어 사는 아이가 모처럼 한가한 시간을 내서 노는데 또 다른 성인이 놀이 내용을 기획하고 주도하고 진행하려 한다면 지나치게 가혹한 풍경이 아닐까요? 이것이 놀이가 아니라 행사 이벤트이거니 프로그램이나 레크리에이션임을 반증합니다. 양육자와 교사가 오염된 놀이와 놀이터를 구분할 수 있기를 바랍니다.

놀이를 지도 또는 제시하거나 성인이 앞에 나서 이끌어 주는 것이라면, 그것은 이미 놀이가 아닙니다. 저는 이러한 성인 주도 놀이를 '유사 놀이'로 명명해 쓰고 있습니다. 성인에게서 벗어나는 것 자체가 아이 '행복'의 첫 번째 조건이라는 것을 늘 기억해야 합니다.

행사에 놀이라는 이름을 붙여 아이를 모으고 동원하지 맙시다. 아이가 놀 수 있는 놀이터로 초대합시다. 이것은 마치 읽기를 일찍 지도해서 아이가 독서를 꺼리게 만드는 일과 같은 상태를 만듭니다. 놀이는 어린이를 앞서 만나지 못했던 낯설고 생경한 창조의 시공간으로 초대합니다. 놀이터는 아이가 세상을 이해할 수 있는 가장 인상 깊은 첫 번째 장소가 될 수 있기 때문입니다. 규칙이 있는 놀이는 조금의 변화를 줄 수는 있지만 이미 만들어진 질서에 따를 것을 강요하여 찰나적인 흥분과 재미로 순간 휘발되어 버립니다. 어린이가 자유롭게 선택할 수 있고 그 속에서 차분히 변화와 도약을 만들 수 있는 것, 이것이 자유놀이의 바래지 않는 가치입니다.

이른바 놀이전문가라는 성인이 뜻대로 놀이 상황을 짜 놓고 진행하거나 권하기보다는 어린이가 좀 더 쉴 수 있도록 놀이 환경을 가꾸고, 이렇게 쉰 어린이가 경쟁적이지 않고 권해지지 않는 자유놀이에 서서히 기지개를 켤 수 있게 기다려 주는 게 예의입니다. 어린이에게 놀이를 숨 가쁘게 권하거나 들이밀 때가 아닙니다. 놀이를 어린이에게서 빼앗은 성인이 할 일은 더더욱 아닙니다. 그보다는 어린이가 지금 스스로 하는 놀이가 무엇인지부터 사려 깊게 읽고 존중하는 정직함이 우리에게 필요합니다.

여러 어려움이 현장에 있습니다. 그렇다고 압도적인 성인 주도 놀이 활동을 언제까지 어린이가 꼭두각시처럼 따라야 할까요? 언제까지 성인이 하자고 하는 것을 어린이가 해야 할까요? 그것도 놀이에서까지 말이죠. 아이는 언제 하고 싶은 것을 해볼 수 있을까요? 미국의 작가이자 삽화가인 벳시 스트리터(Betsy Streeter)의 아픈 일침이 떠오릅니다.

"얘야, 너는 커서 자기주장이 강하고 독립적이며 의지가 강한 사람이 되렴. 하지만 네가 어렸을 때는 수동적이고 유순하며 순종적이었으면 좋겠구나."

환경과 지구를 생각하는 놀이, 치유의 놀이, 생태적인 놀이, 똑똑해지는 놀이 등등……. 어린이가 놀면서 환경까지 생각하고 치유도 하고 똑똑해지기까지 하는 놀이를 해야 할까요? 그냥 놀면 안 되나요? 명랑한 놀이에 지나치게 무거운 의미를 덮어씌우는 것은 아닐까요?

존경과 사랑을 담아 현장 놀이벗께 권합니다. 어떻게 놀지는 철저하게 어린이에게 맡깁시다. 그리고 어린이 앞에서 함부로 쉽게 마이크를 잡지 맙시다! 주의합시다! 소음으로 어린이를 압도하거나 밀치지 맙시다. 어린이와 청소년이 한 걸음 앞으로 나아가기를 바란다면, 가까이 있는 성인은 한 걸음 뒤로 물러서기를 정중히 권합니다. 때로는 그것이 우리가 할 수 있는 최선입니다. 느리지만 아이 스스로 아래로부터 채워 가는 경이로운 놀이의 풍경을 물러서서 차분히 보기를 권합니다. 아이는 우리의 많은 말보다 무관심 속에서 자신을 더 발견합니다. 『위험이 아이를 키운다』에서 소개했던 지혜로운 놀이활동가 페니 윌슨(Penny Wilson)의 말을 한 번 더 함께 읽고 싶습니다.

"교육하지 않고, 훈련하지 않고, 길들이지 않고, 치유를 시도하지 않고, 스포츠 지도를 하지 않고, 예술을 가르치지 않고, 연극과 춤을 가르치지 않고, 기술과 서커스를 가르치지 않고, 응급키트처럼 필요하다고 하면 응할 뿐입니다. 무엇을 할 것인지를 우리가 결정하는 것은 어린이 자유 선택에 관한 심각한 도전이며 자발적 동기 부여의 폐기입니다."

아이가 문제를 해결해야 하는데 성인이 문제를 해결해 버리는 경우를 자주 봅니다. 성인이 물러서면 아이가 주도하기 시작합니다. 거꾸로 성인이 나서면 아이는 문제와 만나려 하거나 만나도 풀려고 하지 않고 다음 지시만을 연속적으로 기다릴 뿐입니다. 자기 문제를 자신이 맡지 않거나, 타인에게 문제를 미루거나 넘기는 기술을 배울 수밖에 없습니다. 물론 물러날 때를 아는 것은 쉽지 않은 일이 분명합니다. 여기서 제가 강조하고 싶은 것은 성인이 물러날 때만 켜지는 아이의 스위치가 있음을 잊지 않아야 한다는 것입니다. 성인이 물러나야 어린이가 나아가고, 그때야 비로소 어린이는 스스로 온전한 놀이와 삶의 환경을 주도적으로 구성하며 미래를 향해 자신의 운전대를 잡습니다. 그런 아이가 서로 만나면 갈등에 관한 규칙 마련과 협상과 타협 또한 가능합니다. 아이에게 선택과 결정의 권리가 없다면 협상권도 없다고 보는 까닭입니다.

어린이가 놀 때 가장 큰 장애물은 언제나 성인임을 상기하고 '플레이 코치(play coach)'는 어린이 주위를 떠나거나 개입을 최소화해 주세요. 놀이전문가는 어린이입니다. 성인 놀이전문가는 필요하지 않습니다. 성인은 어디까지나 놀이의 스태프입니다. 놀이의 주연이나 연출자가 되려고 하지 마세요. 놀이에서 성인은 전진하는 사람이 아니라 후퇴하는 사람입니다.

갓난아기는 시력이나 청력을 어떻게 길렀을까요? 영아 때 보거나 들을 수 있는 것이 있어서일 테지요. 만약 그렇지 못한 환경에서 자랐다면 청력과 시력은 제대로 발아하지 못했을 것입니다. 그리고 살면서 여러 난관에 부딪쳤을 것입니다. 놀이 또한 마찬가지입니다. 어려서 놀이와 자연스럽게 접할 수 없는 환경에 오랜 시간 머물렀다면, 놀이와 같은 말인 사회적 기술, 배움의 기술, 사랑의 기술, 대화와 중재의 기술, 추론의 기술, 모색과 궁리의 기술이 궁핍해 여러 어려움을 겪을 수밖에 없지 않을까요? 이러한 것들이 오늘 교육과 양육의 현장에서 역설적으로 하나씩 증명되고 있는 것 같습니다. '놀이력'은 그래서 청력이나 시력처럼 가능한 말입니다.

'놀이의 길'을 먼저 갔던 한 사람으로서 어렵게 말씀드립니다. 많은 놀이활동가와 양육자와 교사가 어려워지는 불행의 지름길로 들어서는 것은 아이 앞에 나설 때부터입니다. 놀이는 아이의 일이지 우리의 일이 아닙니다. 아이가 놀이의 주인이고 연출자이고 감독입니다. 어린이로부터 거리를 두거나 떠나는 것! 그것이 차선이고 때로는 최선입니다. 부디 아이가 놀 때 앞에 나서지 말아주세요. 떠나고 물러나서 아이가 성인의 감독과 지시 없이 노는 것이 얼마나 큰 가치가 있고 아름다운 일인지를 발견하고, 그 속에서 아이가 자기 내면을 차곡차곡 쌓아가는 모습을 마주하며 회심의 시간을 갖기를 권합니다.

성인이 아이 앞에 나설 수 있는 유일한 순간은 위험

(Hazard)을 발견했거나 그들로부터 초대받았을 때입니다. 성인의 감독이나 지시, 또는 성인이 아이 앞에 나서는 것이 한결같이 무가치한 일은 아닐 것입니다. 많은 성인이 어린이의 처음과 최후의 선량한 옹호자임은 분명하고 저 또한 그들의 선의를 잘 알고 있습니다.

끝으로 일본 모험놀이터의 산증인이며 저의 놀이벗인 아마노 히데아키(天野秀昭) 선생의 귀띔을 덧붙입니다.

"어린이는 자라고 싶어 합니다. 그리고 자신이 어떻게 자라고 싶은지 그들은 알고 있습니다."

어린이가 살려면

 자유놀이에 목마른 아이의 샘물과 같은 여러 잡동사니를 싣고 유랑하는 플레이버스(PALYVERSE) 이야기를 잠시 해보겠습니다. 작년에 경북 산간 도서 지역인 봉화군, 영덕군, 울진군, 울릉군, 예천군에서 자유놀이터를 열어 어린이와 만났습니다. 함께한 관계자와 여러 학교와 유아 교육 기관에 고마움을 전합니다. 어린이 가까이 있는 성인의 정성과 관심이 건강한 놀이 환경을 만든다는 것을 구체적인 현장에서 미덥게 확인하는 자리였습니다. 자유놀이의 가치를 지역에 살고 있는 양육자와 교사에게 알리고 지역의 놀이 환경 부족에 관한 새로운 대안을 제시하고 실천하는 장이기도 해서 뜻깊었습니다.
 '아이가 노는 곳 그곳이 놀이터'라는 생각으로 '누구나 평등하게' 놀이 기회를 만날 수 있게 하려고 가깝거나 멀거나 장소를 가리지 않고 어디든 찾아가려 애썼던 플레이버스는 하나의 선언입니다. 먼 길을 갔지만 어린이와 교사로부터 따듯한 환대를 받았던 것은 아마 플레이버스가 지향했던 '자유놀이'가 중심에 있었기 때문이 아닐까 합니다. 교육 현장에서 여러 가지 복잡하고 어려운 까닭이 있어 맘껏 자유놀이를 허용할 수 없는 상황을 헤아려, 또 다른 놀이 환경의 선택지를 만들고자 했습니다. "안 돼! 하지 마! 위험해!"라는 말보다는 "그래! 발 디딜 곳은 넉넉하니?"라는 말을 건넬 수 있는 놀이 환경을 가졌습니다.

"안 돼!"라는 말은 아이의 현재와 미래 모두를 부정하고 자극합니다. "안 돼!"라는 말을 되풀이해서 듣고서는 아이는 건강하게 성장하기 어렵습니다. 자신은 제대로 하는 것이 없다는 자책이 일상을 지배합니다. 이렇게 되면 자기 동기와 마음을 지우며 살 수밖에 없습니다. 어쩌면 우리 성인이 쉬운 것을 선택하는 데 익숙해져서일 것입니다. 아이가 성장하는 과정에서 '거절'의 상황에 자주 노출되면 자신은 쓸모가 적은 사람이라는 생각을 하게 됩니다. 그런 이야기를 자주 듣는 자신이 짜증 나고 싫어집니다. 나아가 하고 싶은 마음도 점차 줄어듭니다. 그 마음이 때로는 자신을 탓하고 타인을 괴롭히는 쪽으로 진행될 수도 있습니다. 나도 쓸모없느니 너도 쓸모없다는 인식에 다다른 것이지요. 생각하면 참으로 무서운 진행입니다. 그것이 자해와 자살과 폭력이니까요. 거절에 몹시 신중해야 하는 까닭입니다. 이와 같은 지시적인 말을 조금만 관심을 가지고 줄여도 많은 언쟁과 다툼과 불신이 줄고 둘 사이의 협조와 공조를 끌어낼 수 있음을 상기 바랍니다. 너무나 단순하고 유익합니다. 우리는 어린이의 리더가 아니라 파트너가 되어야 합니다. 파트너로서 상호 존중과 겸양과 친절함을 잃어서는 안 됩니다.

 많은 어려움이 양육과 교육 현장에 산재함을 압니다. 그러나 우리는 아이가 앞으로 나아갈 수 있게 하는 사람입니다. 그러려면 낯설지만, 허용의 길로 우리가 먼저 나서야 합니다. 성인의 잦은 금지는 아이의 발달에 커다란 장애물을 설치하는 것과 같습니다. 나아가 이것은 성인인 내가 아이인 너를 믿지 않는다는 의사를 되풀이해서 전달하는 것이기도 합니다. 아이는 세상 속으로 조금씩 걸어 들어가면서 좀 더 해봐야 하고 경계를 넘어야 하고 때로는 결정할 수 있는 용기도 낼 수 있어야 합니다. 자기 자신이 결정할 수 있고 제어할 수 있다는 것은 행복할 수 있다는 것과 닿아 있습니다. 경계에 자주 접근해 보아야 자신의 한계를 알게 됩니다. 경계에 다가서는 것이 성인으로부터 막히면 아이에게 '한계'라는 것은 성인의 '설정'을 넘지 못합니다. 이렇게 되면 아이의 일상적 '한계' 또한 갑작스레 무너져 양쪽 모두 통제 불능 상태에 놓이기 쉽습니다. 경계와 한계는 자신감과도 매우 밀접한 관계를 맺습니다. 아이의 자신감은

'경계의 접속과 한계의 자각'에서 발아되기 때문입니다. 준비를 다 한 다음에 도전하겠다는 것은 기약 없는 일입니다. 준비가 덜 되었어도 장면을 한 장씩 넘기며 나아가는 것이 용기입니다. 어린이는 용기가 있어야 합니다. 용기 있는 어린이를 바란다면 우리도 마땅히 용기를 내야 합니다. 물론 "안돼!"라고 말해야 할 때가 분명히 있습니다. 언제일까요? 어린이의 안녕을 위할 때입니다. "안돼!"라고 말하기 전에 그 말이 성인인 우리의 편리와 관리와 목적 달성을 위한 것인지 구분하는 점진적 연습과 성찰이 필요한 까닭입니다.

모든 것을 다 준비하고 떠날 수는 없습니다. 게다가 미래를 살아갈 어린이는 문득문득 불확실함이 넘치는 혼돈과 모색과 판단과 결정의 순간과 맞닥뜨릴 것입니다. 그런 선택과 결정과 변화와 도약의 한복판에 서게 될 아이에게 지금 필요한 것은 "멈춰! 하지 마! 위험해!"보다는 "그래! 할 수 있는 걸 해보자!"일 것입니다. 'PLAY STOP'의 놀이터보다는 'YES PLAY'의 놀이 환경이 아이에게 긴요한 까닭입니다. '제한을 제한하는 놀이 환경'은 제 놀이 철학의 거처이기도 합니다. 실패해도 안심할 수 있는 '놀이의 거처'가 아이는 필요합니다. 놀이는 그럴 때 아이의 강력한 발달과 건강한 성장의 엔진과 연장이 됩니다.

놀이는 날씨와 환경을 거스르며 흐릅니다. 어린이는 추위와 더위에 순응하지 않죠? 마찬가지로 성인의 간섭과 제지와 금지를 거스르는 것으로 놀이는 자신을 지켜 왔습니다. 어린 시절 놀이를 통해 자신과 충분히 만나지 못하면 성인이 되어 긴 시간 자신과 자유를 찾으러 다니느라 많은 애를 써야 합니다. 거스른다는 것은 부정적이고 순화의 대상으로 곧잘 지목되지만, 어린 시절의 알맹이와 같은 것임을 잊는 경우가 많습니다.

 어린이는 무엇으로 살까요? 어린이는 하고 싶은 것이 있습니다. 성인이 몹시 욕망하는 것이 있듯이 어린이도 몹시 바라는 것이 있습니다. 문제는 성인이 어린이에게 바라는 욕망은 압도적인데 어린이가 하고 싶은 것은 끊임없이 미뤄지고 생략되고 축소된다는 데 있습니다. 어린이가 지나치게 촘촘히 관리됩니다. 지나친 관리의 명분은, 어린이는 미숙하고 성인은 미래를 안다는 생각 때문입니다. 성인은 미래를 모릅니다. 현재에 관해 아는 체하거나 미래를 예단하는 것만큼 경솔한 일은 없습니다. 말을 아껴야 합니다. 저 또한 생각이 있어도 말이나 글로 옮길 때 차분함을 잃거나 비관에 들지 않으려 애씁니다. 물론 될 때도 있고 그렇지 않을 때도 있습니다. 미숙함은 인간의 한 특징이자 과정입니다. 그것을 어린이의 자유를 억압하고 가로채는 명분으로 쓴다면 어린이는 나아갈 수 없습니다. 반면에 놀이는 억압된 어린이의 심리를 해방합니다.

아이는 이 세상 모든 것이 처음입니다. 성인과 다릅니다. 여러 가지 어려운 점이 있지만 우선 허용에 방점을 두어야 하는 까닭이 여기에 있습니다. 허용해야 하고 해봐야 합니다. 그렇게 점점 익숙해집니다. 그렇지 않으면 아이는 다음에도 다음에도 처음을 경험하지 못합니다. 처음 앞에서 다시 멈춰 서야 합니다. 어린이와 성인 사이에 서로가 완전한 존재가 아니며 우리 모두 처음이라는 동료애 또는 파트너십이 있으면 어떨까요? 동료애와 파트너십은 어떻게 생길까요? 우리가 어린이를 자유롭고 평등한 사람으로 대하는 것에서 시작할 것입니다. 그런데 동료애와 파트너십이 둘 사이에 없으면 어떤 일이 일어날까요? 어린이는 우리를 떠나려 할 것이고 그것은 문제를 일으키는 것처럼 보일 것입니다.

처음이니 시행착오가 있게 마련입니다. 어린이나 성인이나 이런저런 시행착오를 겪으며 사는 것이 자연스럽습니다. 놀이가 중요한 까닭이 여기에 있습니다. 놀이는 시행착오를 끊임없이 긍정하는 긴 연속이기 때문입니다. 숱한 시행착오로 어린이는 잘하게 됩니다. 문제는 실수와 시행착오에 인색한 사회와 성인이 어린이를 완벽한 통제와 관리 상태에 묶어 두려 할 때 폭발합니다. 통제와 관리 수단도 촘촘하게 진화하고 있습니다. 손쉽게 디지털 보호자 기능을 대신하는 여러 앱이 적극 쓰이고 있습니다. 비례하여 아이의 자유는 크게 줄었습니다. 아이는 자유와 자기 결정과 실수와 시행착오로 배우고 성장합니다. 아이가 문제를 일으킨다는 것을, 아이가 우리에게 뭔가 진지하게 꼭 할 말이 있기 때문이라고 바꿔 인식할 수 있는 전환적 사고가 양육과 교육 현장에 절실합니다. 양육과 교육으로 키우려는 성인과 놀이와 자유로 자라려는 아이의 엇갈림이 성장의 싹을 틔웁니다.

어린이는 무엇으로 살까요? 어린이는 오류와 번복과 고집과 짜증과 미움과 불안과 부상과 방황과 실수와 시행착오로 삽니다. 이 모든 것이 어린이가 나아가는 통과의례입니다.

어린이로 사는 모든 시간이 그렇다거나 그래야 한다는 것이 아닙니다. 이러한 다양한 징후는 분명 위기이지만 긴요한 계기이며 출발입니다. 지나가고 고양됩니다. 스스로 되는 것도 있고 양육자나 교사의 도움과 지도가 필요한 것도 있습니다. 문제는 이러한 한 시기의 특성을 부정하고 마주하지 않으려 할 때 불거집니다. 그러면 단절되고 지체될 수 있습니다. 우리는 친절과 격려를 잊지 않아야 합니다. 중요한 것은 지혜를 모아 어린이가 양육자와 교사와 동행하는 구체적인 삶 속에서 앞서 열거한 자신의 격한 감정과 언어와 행동을 차츰 객관적으로 바라보는 단계에 조금씩 도달할 수 있는 관계와 환경을 가꾸는 일입니다.

아이는 점점 새사람이 됩니다. 자신과 타인과 세상의 감정과 변화와 차이를 헤아릴 수 있는 '유능한 어린이'의 탄생입니다. 상대방의 미세한 감정은 읽고 자신의 엉킨 감정은 풀고 가다듬는 것이 조금씩 가능한 단계이지요. '유능'의 뜻이 한국 사회에서 흔히 쓰이는 경제적 무능함의 대립어로 쓰는 것이 아님을 분명히 해둡니다. 여기서 '유능'은 주체이며 주인으로 문제를 풀어갈 가능성이며 동시에 그런 자신을 객관화할 수 있는 성숙을 뜻합니다. 꾸려 가는 모험놀이터에서 문득 지난 계절과는 다른 한결 능숙한 새 어린이를 발견하는 것은 드문 일이 아닙니다.

아이는 할 수 있습니다. 이것이 제가 현장에서 공부하며 깨우친 것입니다. 아이의 순수한 동기를 보고도 물러서지 못하기 때문에 아이 앞에 나서서 자신의 기대를 지시하고 요구하고 칭찬하며 아이의 자유의지를 부끄럽게 만들고 길들이고 가리고 지웁니다. 창의 시대라는데 무언가 하려는 아이를 대하는 이런 포박과 거래와 단속은 몹시 안타까운 일입니다. 아이 스스로 유능함을 깨달아가는 시기가 거꾸로 유능함을 잃고 숨겨야 하는 시기로 뒤집히는 광경과 마주할 때 진정 눈물 납니다.

왜 한국의 많은 어린이가 이 자유롭고 아름다운 시기에 유능함을 빼앗기고 점점 수동적이며 타율에 젖어 시들어 가는지 설명이 되었기를 바랍니다. 어린이 가까이 있는 이들이 앞서 나열한 것들이 아이의 건강한 성장에 얼마나 긴요한 것인지 묻고 헤아리고 목격하는 환희의 시간과 마주하기를 바랍니다. 이런 충돌과 모순과 혼란의 '허용'으로 어린이는 살아갑니다. 허용의 수준은 상황과 처지에 따라 같을 수 없습니다. 그러나 중요한 것은 '허용'입니다. 많은 문제는 아이가 원하는 형태로 언제나 어디서나 무엇이든 어떻게든 할 수 있을 때 풀리는 경우가 많다는 것을 알고 실천하면 크게 도움이 됩니다.

예쁘고 착하고 바르고 좋은 것을 어린이에게 권하고 싶은 성인의 마음과 기대는 이해할 수 있습니다. 그러나 세상은 복잡다단합니다. 그러려면 외부에서 권해지는 바람직한 것들과 더불어 어린이 내면과 관계와 환경에서 벌어지는 충돌과 모순과 이를 뒤섞고 갈등할 수 있는 최소한의 '움직임'과 '처소'와 '허용'이 필요합니다. 여기서 처소는 피난처이기도 하고 은신처이기도 하고 비밀기지이기도 한, 잠시 몸을 숨기고 쉴 수 있는 사사롭고 비밀스러운 장소입니다. 이는 성인의 '캠핑'과 비슷한 면이 있습니다. 이곳에서 아이는 성인에게서 벗어나 자신만의 공간을 꾸미고 통제하며 자유의 신선한 공기를 마십니다. 내면의 에너지를 만드는 발전소라고 할 수 있습니다. 공적인 공간도 아이에게 필요하지만, 내밀한 사적인 공간도 꼭 충족되어야 할 공간임을 헤아리고 갖춰야 합니다. 안전한 성장이 일어나는 곳은 '놀이가 일어나는 곳'입니다. 큰 걱정은 하지 않아도 좋습니다. 우리는 항상 어린이 가까이에서 귀를 열고 있지 않습니까?

날이 꽁꽁 얼어 추운 날 밖으로 기어코 나서려는 아이를 여러 핑계로 막아서지 않는 성인이 늘어나기를 바랍니다. 아이가 위험과 만나는 것이 필요하다는 성인 또한 늘어나기를 바랍니다. 어린이와 청소년은 '허용과 긍정'을 입에 달고 사는 성인과 함께 살아야 성장한다는 것은 분명해 보입니다. 그 반대의 경우가 꽤 많은 문제의 첫걸음이 된다는 사실도 기억하면 좋겠습니다.

놀이에서 '멈춤'은 성인의 권한이 아니라 아이의 권한입니다. 아이는 언제든 놀이마저 그만둘 수 있습니다. 그만두고 싶어 하는 아이의 결정을 거스르는 것만큼 어리석은 일이 없습니다. 시간과 비용과 노력의 손실은 물론 내적 손상마저 큽니다. 하기 싫은 아이를 이해하는 성인이 필요합니다. 좀 놓아둡시다. 아이가 알아서 하도록 말이죠. 그렇지만 아이 또한 세상에서 해야 할 일이 있습니다. 제가 강조하는 것은 할 필요가 없다고 하는 것이 아니라 그만두지 못하도록 억지로 무언가를 강요함으로써 해야 할 것과 하고 싶지 않은 것의 차이와 구분을 점점 더 어렵게 만들며 아이를 혼란에 빠트리는 상황입니다. 동시에 "아니! 나 인제 그만할래!" 이것은 아이가 자신을 스스로 통제하고 있음을 보여주는 말이라 오히려 반길 일입니다.

삶은 우습게도 그만둘 때 행복과 만납니다. 저도 삶의 여러 국면에서 그만두고 돌아서서 나올 때가 더러 있습니다. 그만두면 홀가분합니다. 그만두고 맡기면 가벼워집니다. 언제든 그만둘 수 있어야 행복의 끈이 끊어지지 않습니다. 그만두고 거부하며 자유와 놀이를 통제할 권한이 아이에게 마지막까지 있음을 잊지 맙시다. 거부하거나 그만두는 것이 더 유익하다면 미루거나 피할 까닭이 없습니다. 통제할 수 없는 일과 놀이에 계속 끌려다닐 까닭이 없습니다. 저도 그만둘 자유를 늘 잊지 않고 살아갑니다. 거부하거나 그만둘 자유가 없다면 이어갈 자유도 없는 것이니까요.

아이의 상처와 구김은 아이 주변에 통제할 수 없는 타율과 타인이 늘어나면서 시작됩니다. 성장에 충실한 허용적 환경을 아이에게 마련할 것인지, 통제에 최적인 환경에 아이를 가둘 것인지, 그 유익함과 닥칠 위해가 무엇인지에 관해 냉정하게 눈금을 보아야 합니다. 지혜로운 성인이라면 아이가 위험을 감수하며 때로는 위험을 무릅쓰고 놀 수 있는 안전하고 편안한 물리적 환경을 마련할 것입니다. 다차원적 위험이 몰려오는 시대에 어린 시절 여러 가지 망설임과 부정확한 오해로 위험한 놀이를 피하거나 막아서거나 건너뛰는 것은 어린이의 건강한 성장과 발달의 한 기둥을 무너뜨려 버리는 일입니다. 이것은 어리석고 이기적인 일이며, 아이를 더 심각한 위험에 빠트리는 일임을 다시 한 번 호소합니다. 아이의 위험한 놀이 추구는 필연적 까닭이 있습니다.

위험한 놀이는 아이의 두려움과 불안과 걱정을 줄이고 정서와 정신과 육체와 사회성에 큰 도움을 주어 몸과 마음과 영혼을 튼튼하게 만드는 최선의 예방의학이 될 수 있음에 주목해야 합니다. 또한 위험한 놀이는 문제 행동을 줄이고 자기 결정을 통한 용기와 집중력을 기르는 데 큰 역할을 합니다. 무엇보다도 아이가 살면서 마주할 수밖에 없는 여러 복잡다단한 위험을 몸과 신경으로 감지하고 위험이라는 것을 관리하고 통제하고 대처할 수 있는 대상으로 알아간다는 것은 매우 긴요합니다.

그동안 우리 사회는 위험한 놀이의 가치를 지나치게 걱정하고 숨기고 저평가했습니다. 제자리를 찾아야겠습니다. 위험한 놀이까지 가지 않아도 괜찮습니다. 단지 아이들이 집과 학교와 학교 밖에서 자유롭게 움직일 수만 있어도 좋습니다. 꽤 많은 아이가 집과 학교에서 주의를 기울이는 데에 어려움을 겪고 있습니다. 이것은 고스란히 양육자와 교사에게 커다란 고통이 됩니다. 어떻게 해야 할까요? 아이가 집이나 학교나 학교 밖에서 지금보다 더 많이 움직이는 것이 허용되어야 합니다. 움직이고 활동해야 주의력이 생기고 자율이 자리 잡고 행복해진다는 가장 단순한 원리를 깨달아야 합니다. 아이는 허용해야 그들이 살 수 있는 서식지를 스스로 가꿉니다.

"학습은 가르침의 산물이 아닙니다. 학습은 학습자 활동의 산물입니다."
— 존 홀트(John Holt)

살 수 없는 것

시나브로 놀이와 놀이터가 시장으로 넘어갔습니다. 양육자와 아이를 모집하는 온오프라인 플레이마켓(play market)이 한창 영업 중입니다. 놀이는 아이와 함께 쇼핑하는 하나의 상품이 되었습니다. 놀이의 판도라가 열리고 놀이의 핵분열이 시작된 것입니다. 생일 파티와 각종 놀이 체험 또는 놀이 프로그램을 즉각적으로 구매할 수 있는 앱과 광고는 말할 것도 없고, 상업적 실내외 놀이시설도 공공놀이터가 제 기능을 하지 못하는 틈바구니에서 가벼운 흥미를 나열하며 빠르게 자리 잡았습니다. 다 수요가 있어서일 테고 소용이 닿기 때문에 생기는 일이겠지요. 구매를 부추기며 플레이마켓에서 뿌리는 광고가 양육자의 SNS에 쏟아지고, 다녀와서 찍은 사진을 양육자는 SNS에 올립니다. 이렇게 바이럴 마케팅이 꼬리를 물며 그것을 본 다른 양육자 또한 같은 선택을 하게 만드는 압박이 물고 물려 되먹임됩니다.

묻고 싶습니다. 장난감이 아니라 놀이도 돈으로 구매

해야 하는 상품이 맞나요? 놀이를 돈을 주고 사서 아이에게 안기는 것이 가능한 일일까요? 이것은 교묘히 설계된 '놀이의 덫'입니다. 돈을 매개로 하는 놀이의 올가미를 끊고 아이와 함께 발랄하고 홀가분하게 벗어날 또 다른 길은 없는 것일까요? 돈을 쓰지 않고 아이는 놀이와 천천히 진지하게 만날 수 있는데, 성인이 나서 아이가 스스로 건널 '놀이의 다리'를 불살라 버리는 일이 없기를 바랍니다.

놀이와 놀이터는 정체에 빠진 상태로 새로 문을 연 '놀이 시장(play market)'에 아이를 속절없이 잃어가고 있습니다. 경제는 어느덧 기나긴 저성장의 밋밋함에 들어섰지만, 변두리 자본에 의존한 상업적 놀이 시설과 기획은 낱개로 살 수 있는 놀이 상품과 할인쿠폰으로 아이를 제대로 놀게 해주지 못했다는 죄책감에 빠진 양육자를 공략하며 성업 중입니다.

상업화된 플레이마켓에 양육자가 지급하는 놀이 비용(play cost)은 상상 이상으로 높습니다. 오랜 시간 천착해 온 놀이와 놀이터의 공공성은 무너지고 놀이 쇼핑과 놀이 이벤트로 해결하려는 과정에서 생기는 비용 낭비의 악순환이 놀이와 놀이터에서 커다란 비효율로 자리 잡는 것이지요. 공공이 나서 조금만 꾸준히 챙겨 가면 될 일을 플레이마켓에 모든 양육자가 몰려가 고비용을 치르면서 각자 해결하게 만드는 일이 벌어진 것입니다.

  그러나 플레이마켓에서 구매할 수 없는 놀이가 있다는 것 또한 명백합니다. 다름 아닌 '자유놀이'입니다. 자유놀이는 왜 놀이 시장에서 살 수 없을까요? 자유놀이는 아이가 놀고 싶을 때, 아이가 놀고 싶은 곳에서, 아이가 놀고 싶은 방식으로, 아이가 놀고 싶은 친구들과 온전히 자기 선택과 자기 결정에 의해서만 작동하기 때문입니다. 아이의 놀이를, 돈을 주고 사줄 수 있다는 생각과 행위가 아이의 자유와 미래 또한 돈으로 구매할 수 있다는 확신과 맹신으로 치닫지 않기를 바랄 뿐입니다. 구매 습관은 7세 이전에 결정된다고 알려져 있는데, 업체의 마케팅이 특정 연령대 어린이를 겨냥하는 것은 영악합니다. 행여 돈을 쓰지 않고는 즐거움과 만날 수 없다는 낙담에 도착하지 않았으면 합니다. 놀이는 판매되거나 구매될 수 없음도 분명히 해둡니다. 아이가 노는 데 필요한 것은 결제하는 돈이 아니라 그들의 담백한 자기결정과 쓸 수 있는 자유로운 시간이기 때문입니다.

어린이의 선택과 결정을 지원하고 옹호하며

 어린이와 가까운 미래에 놀이로 만날 분들을 만났습니다. 이제는 널리 쓰는 말이 된 '놀이활동가' 교육이었습니다. 다른 나라에서는 어엿한 직업으로 자리 잡은 지 오래지만, 우리는 이제 막 시작한 참신한 일입니다. 앞에서 '일'이라고 했는데 그래서 이런 '놀이활동가'를 일컫는 영어 낱말이 '플레이워커(Playworker)'입니다. 직업으로서의 플레이워커에 관해 더 궁금하신 분은 아래의 자료를 참고하시면 좋겠습니다.*

 영국의 경우 플레이워커 학사과정이 있고 2년 기간의 온라인 과정도 있습니다. 석박사 과정도 가능합니다. 가까운 일본도 관련 움직임이 매우 활기찹니다. 자격증이나 전문과정을 밟아 플레이워커로 활동하는 것도 좋고, 아이가 있는 놀이 현장에서 공부하고 성찰하며 배울 수

---

* https://www.playscotland.org/resources/print/The-Playwork-Principles-an-overview.pdf?plsctml_ id=19402
Playworker Development Course :https://www.popupadventureplay.org/playworker-developmentcourse/

도 있습니다. 놀이 현장에서 아이를 이해하며 체득한 경험과 헌신이 오늘날 많은 플레이워커를 만들어 왔습니다. 저 또한 함께 사는 벗과 10년 가까이 국내외 모험놀이터 현장을 오가며 공부하고 있습니다.

우리 사회도 조금씩 놀이활동가에 관심이 생기고 있어 반가운 일입니다. 이들의 안정적인 고용 정책도 차분히 마련해야 합니다. 지난 10여 년 동안 여러 지자체의 놀이터 조성 총괄을 맡으면서 가장 긴요하게 가졌던 것은 놀이터 그 자체라기보다는 그곳에서 일하는 놀이활동가의 필요성과 그분들의 고용 안정을 지난한 협의 과정을 거쳐 이루어내는 일이었습니다. 그래서 저에게 놀이터 오픈은 항상 시작을 의미했습니다. 놀이터는 만드는 것보다 향후 안정적인 유지 관리에 그 핵심이 있다는 소신과 책임 때문이었습니다. 그 결과 순천시와 시흥시에서는 필요성에 관한 긴 논의 과정을 거쳐 놀이와 놀이터 관련 정규직을 두었습니다. 세종, 춘천, 태백, 서대문, 곡성, 창원, 영주, 봉화는 조례에 따라 기간제 활동가를 두는 상황까지 만들었습니다.

기간제의 경우는 처우가 아직 많이 열악한 것이 사실입니다. 그러나 행정과 계속 소통하고 설명하고 설득하며 더 나은 길을 모색하고 있습니다. 어린이 놀이와 놀이 환경의 풍성함과 안전과 지속은 그 속에서 일하는 놀이활동가의 고용 안정에서 나온다는 단순함을 기억하면 좋겠습니다. 저 또한 불안정 놀이 노동을 여태껏 이어오며 놀이터가 만들어지는 해당 지자체 부서와 의회에 지치지 않고 호소하고 있습니다.

이렇게 고용에 다다른 활동가가 현재까지 10명 정도입니다. 10년 노력해서 10명이 고용에 닿았으니, 희망은 있다고 해야겠지요? 순전히 제 처지에서 말씀드리자면 즐기는 일이기 때문에 '놀이 활동'을 하고 있습니다. 여기서 중요한 것은 '스스로 즐기는 것'입니다. 스스로 즐겁고 동시에 기뻐하는 아이의 웃음과 함께하니 마음에 찌꺼기가 남지 않아 이 일이 좋습니다.

'플레이워커'의 연원을 따라 올라가다 보면 자연스럽게 '모험놀이터(Adventure Playground)'와 만나는데, 모험놀이터에는 일반놀이터와 달리 '놀이활동가'라는 사람이 상주하는 것이 큰 특징입니다. 여러 해 전부터 저는 사는 곳 가까이에서 벗과 함께 외부 지원 없이 독립적으로 무상(無償)의 모험놀이터를 꾸리며 플레이워커로 지내고 있습니다.

앞서 말씀드린 교육에 30명 가까이 관심을 가지고 참여했습니다. 놀이에 관한 생각이 저마다 다르고 앞으로 놀이 활동에 대한 기대나 계획도 다양했습니다. 처음 만나는 자리에서 나눈 이야기를 소개하려고 합니다.

놀이활동가를 하려는 분들의 '놀이 기억'과 구체적인 놀이 현장에서 만날 오늘 어린이의 '놀이 현실'의 같고 다른 점과 까닭을 차분히 살피고 돌아보았습니다. 옹기종기 모여 앉아 옛날을 돌이켜보며 참 좋았거나 즐거웠거나 행복했거나 때론 잊히지 않는 '놀이 기억'을 함께 나누며 놀이 이야기의 향연을 펼쳤습니다.

'잊히지 않는 기억'을 '장기 기억'이라고 합니다. 이것은 해마(hippocampus)에 저장됩니다. 느닷없이 해마가 나와 당황하셨나요? 긴요한 이야기라 하고 갑니다. 편도체(amygdaloid body)가 뭔가 잊을 수 없는 즐겁거나 고통스러운 경험을 한 뒤에 그것을 해마로 보냅니다. 그러면 해마는 이것을 오랜 기억으로 단단히 저장해 둡니다. 놀이가 중요한 까닭이 여기에 있습니다. 어렸을 때 놀면서 좋았거나 흥분되었거나 행복했던 경험은 사라지지 않고 이곳에 오래도록 간직됩니다. 그런 잊지 못할 즐거운 경험이 없거나 부족하다면 어떨까요? 반대로 무엇 하나 마음껏 하고 싶은 것을 할 수 없어 짜증이 나거나 화가 나거나 외롭거나 우울하거나 두렵거나 공포스러웠던 기억들만 해마에 가득 저장되어 있다면 어떨까요?

놀이의 가치를, 눈을 씻고 다시 볼 때입니다. 놀이는 사무치게 행복했던 오래된 기억을 켜켜이 해마에 저장해 두었다가 삶이 때로 힘들고 지칠 때 꺼내 기운을 차리게 합니다. 그런데 사무치게 행복하고 즐거웠던 오래된 놀이의 기억이라고는 도무지 없는 삶이라면 어찌해야 할까요? 눈물 납니다.

돌아가며 나눈 이야기를 짤막하게 공유하는 시간도 가졌습니다. 간추려 보면 놀 때 성인이 주위에 없었다는 점, 실내보다는 바깥이 압도적으로 많았다는 점, 혼자보다는 여럿이 놀았다는 점, 여러 동식물과 교감하며 놀았다는 점 등등 풍성한 이야기가 오고 갔습니다.

'구시대 어린이'는 사라지고 '신인류 어린이 알파 세대'가 출현했다는 선전을 듣습니다. 물론 디바이스도 플랫폼도 미디어 디지털 환경도 달라졌지요. 그러나 어린이 밖에서 보는 관점보다는 어린이 내면의 '기본욕구'가 달라진 것이 있는지, 이를 가로막는 것은 무엇인지 내재적으로 정직하게 살필 필요가 있습니다. 이른바 알파 세대 또한 간섭(monitoring)하는 성인이 없는 곳에서 놀고 싶고, 게임도 혼자보다는 여럿이 하고 싶고(MMORPG), 더 많은 시간을 놀고 싶고, 실내 키즈카페나 경기장 또는 공연장보다 야외의 놀이터나 경기장과 공연장을 더 선호하며, 반려묘나 반려견에 대한 돌봄의 시간과 환경을 가지고 싶은 바람은 그대로입니다. 이처럼 아이의 욕구는 크게 달라진 것이 없습니다. 환경의 변화가 있을 뿐입니다. 이 관계와 순서를 거꾸로 해석하려는 의도가 늘 궁금할 뿐입니다.

눈여겨봐야 할 것은 초등 어린이의 밤 10시 귀가에 가려진 거절되고 억압받고 빼돌려진 '기본욕구'입니다. 크게 다름을 강조하며 이름까지 '알파 세대'라 붙여 그들을 소비와 구매와 엔터의 주체로 묶어 부각하려는 것은 아닌가요? 달라진 것은 알파 세대라는 힙하고 쿨한 이름뿐 아닌가요? 알파 세대라는 이름 하나로 현재 어린이를 비끄러매 부조리를 덮으려는 경박한 기획 아닌가요? 바쁘고 아프고 그래서 피폐해진 아이가 늘고 있습니다. '위대한 탐구가'를 '알파 세대'로 포획해 버리는 이 무슨 어리둥절한 명명이며 호들갑이고 부추김인가요? 그렇게 해서 누가 이득을 보나요?

저는 틈만 나면 실험하고 탐험하고 모험하려는 아이와 자주 맞닥뜨리는데, 그럴 때면 자연스레 이런 생각이 떠오릅니다.

'아이는 정말, 자유를 찾아 나선 위대한 탐구가구나!'

우리 사회에서 아이의 독립과 자유를 위해 놀이의 가치를 알리며 열악한 현장 속에서 애쓰는 놀이활동가는 어떤 처우를 받고 있을까요? 가치를 지키기 위해 적은 비용을 받으며 헌신하는 놀이활동가를 낮추어 보는 사회가 되어서는 곤란합니다. 놀이활동가는 우리 사회에서 어린이의 몸 건강과 마음 건강을 돌보는 의사이고 보건소라고 할 수 있습니다. 이것은 세상의 변화에 헌신하는 모든 활동가에게 해당합니다.

저 역시 한 사람의 놀이활동가로서 여러 소음 속에서 위험한 놀이의 유익함과 자유놀이의 가치에 관해 오래 이야기해 왔습니다. 아이는 위험을 감수해야 성장할 수 있으니, 저 또한 위험을 이야기하는 위험을 감수해야지요. 부자유한 세상에 저 또한 자유 없이 살 수 없어 자유놀이 옹호가로서 지내고 있습니다. 활동가와 옹호가는 세상을 개선하는 사람입니다. 귄터 벨치히 선생님은 제게 늘 말씀하셨습니다. 디자이너는 세상을 바꾸는 사람이라고! 저는 한 사람의 놀이활동가로서 어린이의 선택과 용기와 독립을 지원하고 옹호합니다.

2

어린이는 어떻게든 논다
○△□☆♡

**"새로운 것을 창조하는 것은
지성이 아니라 놀이본능에서 촉발됩니다."**

카를 구스타프 융

떠들며 놀다

'놀다'와 '놀자'와 '논다'는 것에 작은 차이가 있습니다. 놀자는 권하는 느낌입니다. 논다는 떨어져서 관찰하는 느낌입니다. 반면에 놀다는 어린이가 주도하는 어감이 있어 좋습니다. '놀다'를 쓰는 까닭입니다. "얘들아! 좀 조용히 하고 놀아라!" 아이가 성인에게 더러 듣는 말입니다. 그런데 잠깐 생각해 보면 어색합니다. 조용히 하고 공부해라! 조용히 하고 책 읽어라! 조용히 하고 집중해라! 물론 이 말도 딱 맞지 않지만, 아이가 놀 때 조용히 하라니요? 가능하지 않은 것을 요구받고 있다는 느낌입니다.

논다는 것과 떠든다는 것과 소란스럽다는 것은 하나로 연결되어 있습니다. 아이가 조용히 놀기를 바란다는 것은 무리한 바람입니다. 어려운 점이 있음을 알고 있습니다. 아파트 층간소음이나 아이가 떠들며 노는 것을 불편해하는 문화가 있기 때문입니다. '아이는 떠들며 논다'라는 이 자명한 명제가 극도로 조심해야 하고 즉각적으로 자제시켜야 하는 사회에 살고 있음도 잘 알고 있습니다. 그런데 왜 '떠들며 놀다'를 이야기하는 것일까요?

떠들며 노는 것이 열 살 안팎을 사는 아이에게 꼭 해소되어야 할 '기본욕구'이기 때문입니다. 욕구가 불편하게 들린다면 좀 더 쉬운 표현을 써보겠습니다. 하고 싶고 해야 하는 겁니다. 아이끼리 논다는 것은 소통을 전제로 합니다. 소통이 곧 놀이인 셈입니다. 그런데 아이가 가까운 친구들과 일상에서 놀면서 자연스럽게 일어나는 소통을 성인이 '소음'으로 끊임없이 주시하고 있다면 아이에게 어떤 영향을 줄까요? 영향이 현재에 당연히 있고 나아가 앞으로도 이어진다는 말씀을 드리고 싶습니다.

속에 있는 마음이나 생각을 밖으로 표현하지 못하거나 몹시 어려워하는 아이가 늘고 있습니다. 소통이 부족하거나 어려워진다는 것은 쉽게 '갈등'으로 이어집니다. 갈등은 연이어 행동을 동반한 '다툼'으로 나아갑니다. 아이 가까이서 지내는 분이라면 이러한 긴장감이 아이들 사이에 얼마나 고조되고 있는지 짐작할 겁니다. 아이는 크고 작은 소리로 떠들고 놀면서 주장하고 토론하고 협상하는 것이 자연스럽다는 아량을 가진 환경과 성인이 꼭 필요합니다.

분명히 아이가 놀 때마저 조용하기를 바라는 가까운 이웃과 장소와 기관의 압박 분위기가 있습니다. 조심스럽고 조심스러워 조금만 불편을 줄 것 같은 상황이 오면 검지를 세워 입에 대고 "쉿!" 주의를 주는 것이 예사입니다. 당장은 제지할 수 있지만 점점 소통이 줄고 갈등이 늘어나는 출발입니다. 걱정스러운 것은, 이렇게 자주 제지를 받으면 제지가 없는 곳에서 더욱 강하게 억압에 저항하고 앞서 눌러놓은 감정이 폭발한다는 점입니다.

아이가 놀면서 친구와 말로 주고받는 소통이라는 것은 애당초 '적막한' 놀이 환경에서 불가능합니다. 아이가 놀 때 들리는 시끄러움에 관해 지금보다 더 허용적이어야 아이가 숨을 쉬고 지낼 수 있습니다. 속에 담아 둔 이야기를 아이가 장기간 하지 못했을 때의 후유증은 그래서 생각보다 큽니다.

논다는 것은 말하는 것입니다. 논다는 것은 떠들며 이야기하는 것입니다. 아이는 놀면서 말과 글을 배웁니다. 아이가 놀면서 다른 친구와 떠들지 않고 소통하지 않고 어떻게 말과 글을 배울 수 있을까요? 말과 글이 원활하지 않다면 어떻게 서로 소통할 수 있을까요? 아이가 말하고 글을 쓸 줄 알려면 놀아야 하는 까닭입니다.

지금 아이가 말하고 글쓰기를 어려워한다면 절대적인 놀이 부족을 가장 먼저 떠올리기를 바랍니다. 그래서 진정한 놀이터는 소란스러움으로 그 존재 가치를 증명합니다. 조용히 해야 하는 장소는 아이의 몸짓을 부자연스럽게 만듭니다. 놀이 또한 시듭니다. 학교도 그렇고 학원도 그렇고 도서관도 그렇고 병원도 그렇고 관공서나 박물관이 그렇습니다. 아이는 크게 웃고 울고 떠들어도 부담을 갖지 않을 수 있는 단지 그런 장소가 필요합니다.

어지르고 놀다

"아이고! 애들아! 좀 치우고 놀 수는 없겠니!"

아이 가까이 있으면 자주 들리는 말입니다. 노는 건 좋은데 어지르지 않고 놀았으면 하는 곤란한 마음이 읽힙니다. 아마 나중에 치우는 것은 성인의 몫으로 남아 그러는 것이겠지요. 어린이집이나 유치원 그리고 초등학교와 같이 여러 아이가 함께 생활하는 공간에서는 특히 예민한 주제입니다. 그래서 이어지는 저의 주장은 눈총을 맞기 일쑤입니다. 이해합니다. 그러나 아이를 힘들게 압박하고 의무를 지운다고 아이에게 책임감이 생기는 것은 아닙니다. 오히려 반대인 경우가 많습니다. 양육자와 교사 모두 매우 복잡하고 어려운 맥락에 놓여 있음을 압니다. 그렇지만 아이는 어지르며 놀 수 있는 환경이 꼭 필요하다는 말씀을 거듭 드립니다. 어지른다는 것이 열 살 안팎의 시기에 꼭 충족되어야 할 '기본욕구'이기 때문입니다.

따져보면 정리하고 치우면서 논다는 것도 불가능에

가까운 요구이거나 바람입니다. 논다는 것은 이것저것을 한다는 것이고 그러다 보면 이것저것을 꺼내고 펼쳐 놓기 마련입니다. 떨어서서 보면 한바탕 난장판이 벌어진 것으로 보일 수 있습니다. 놀이터와 일상의 공간이 다른 것은 놀이터에 '혼돈과 혼란'이 넘치기 때문입니다. 다른 말로 하면, 극심한 소란과 어수선함이 공식적으로 허용된 공간과 시간이 놀이와 놀이터라는 얘기입니다. 일상의 규칙이 멈추고 마법 같은 전환과 허용과 실험의 시간이 펼쳐진다고나 할까요? 평소에 뭔가 꺼내고 싶고 내리고 싶고 뒤지고 싶은 것을 할 수 없어 숨이 막히고 마음이 힘들고 답답해하는 아이를 본 적 있나요? 이런 시간이 지속되면 현재도 미래도 아이도 양육자도 교사도 모두 점점 더 곤란해지는 수렁으로 빠져들 수밖에 없습니다.

아이가 어지르는 것을 힘들어하는 성인이 눈에 띄게 늘고 있습니다. 아이가 충분히 어질러 보지도 못했는데 정리하고 정돈하라고 당위를 외치고 있지는 않은지 되물어보는 시간이 필요합니다. 혼돈을 지나 질서로, 또다시 질서를 허물고 혼돈으로, 또다시 혼돈에서 차분한 질서로, 그 숱한 월담의 순간과 순환이 구김 없는 아이를 만듭니다. 충분히 어지르고 싶고 이어서 천천히 정리하고 싶은 아이의 기본욕구가 바쁜 일상에서 읽히지 않고 '정리 정돈' 하나로 밀어붙여지는 상황이 매우 우려스럽습니다. 이와 같은 아이의 기본욕구에 눈을 감으면 우리는 구체적인 문제와 우울과 무기력과 얼마 지나지 않아 맞닥뜨립니다.

스스로 정리하고 정돈할 줄 아는 아이를 만나고 싶다고요? 그렇다면 충분히 어지를 수 있는 허용적인 환경을 먼저 부탁드립니다. 좀 더 솔직히 말하자면, 어지르는 것은 아이의 일이고 치우는 것은 우리의 일입니다. 왜 그럴까요? 아이가 어지럽혔으니 아이가 치워야 한다는 건 합리적이고 당위적인 생각입니다. 양육과 교육의 시기에 당사자인 양육자와 교사가 자주 곤란해지는 지점입니다. 문제는 아이가 아직 합리적이고 당위적인 세계에 온전히 들어와 있지 않다는 것을 이해하는 것입니다. 언저리 경계에 있음을 보아야 합니다. 많은 경우 아이에게 당위와 합리를 일방적으로 전하려다가 실망과 낙담과 갈등을 겪게 되는 것 같습니다. '당위와 합리'만 한쪽에 잠시 밀어두어도 한결 수월해지고 아이와 지내는 기쁨 또한 누릴 수 있습니다. 지금 진정 아이에게 필요한 것은 정리가 아니라 어지르는 것입니다. 정리! 어느 정도 합시다! 어질러 보아야 조금씩 천천히 정리로 질서로 나아간다는 희망도 덧붙입니다.

더럽게 놀다

 깨끗해야 한다는 생각이 지배적인 곳은 놀이 불가능이 일상이 됩니다. 이런 규칙이 외쳐지는 장소에서 아이의 상상은 시들 수밖에 없겠지요. 이처럼 아이가 지내는 곳은 항상 정리 정돈되어 있어야 하고 위생적이어야 한다는 생각이 양육과 교육 현장을 지배합니다. 아이가 지내는 곳이 지저분하고 더럽다면 우리는 그곳을 긍정하거나 동의하기가 쉽지 않을 것입니다. 이런 분위기가 저를 압박할 때도 있지만, 이렇게 나지막이 이야기합니다.

 "지저분해져도 좋아! 털고 씻고 갈아입으면 되니까!"

 더럽거나 지저분해 보이면 성인은 곧바로 '불쾌함'을 느낍니다. 잘못된 인상은 아닙니다. 그러나 아이가 더럽거나 지저분하게 놀 때 성인처럼 불쾌함만 느끼는 것은 아니라는 말씀을 드리고 싶습니다. 반대로 가벼운 '해방감'과 감각과 사고의 '쾌감'을 느끼는 경우가 많습니다. 상상해 보세요. 아이가 흙에 물을 부어 진흙을 만들어 그 위를 뛰어다니고 조금 있다가 뒹굴고 있습니다. 물론 이런 환경 자체를 좋아하지 않는 아이가 있다는 것은 존중되어야 합니다. 성인은 그만두기를 바랍니다. 그런데 아이는 점점 자유의 기쁨을 만끽하며 온몸에 진흙을 바르기 시작합니다. 어떠세요?

인간은 때로 불쾌함과 불편함 속에서 배우고 성장합니다. 물론 아이 가까이 있는 물건이 늘 아름답고 새것처럼 보여야 하고 완전해서 바로 사용할 수 있어야 한다는 관점도 있습니다. 모더니즘과도 연결되는 이런 사고는 틀린 것은 아닙니다. 그러나 깨끗한 것만을 추구하면 아이는 세상의 한 단면만을 볼 수밖에 없고 위생 반대편에 있는 면역 체계를 만들지 못합니다. 좀 더 정확히 표현한다면 아이는 면역 체계를 만들지 못하는 것이 아니라 면역 체계가 작동하지 않게 됩니다. 다양한 박테리아와 미생물과 접촉할 수 있는 놀이 환경이 아이를 건강하게 합니다.

모험놀이터 철학 가운데 하나인 무너진 건물과 폐허 속에서도 놀이의 꽃이 핀다는 관점을 함께 말씀드리고 싶습니다. 만약 모험놀이터 같은 곳에서 아이를 놀게 했다면 대부분 성인은 깜짝 놀라겠지요. 그러나 앞서 이야기한 진흙 놀이터에서 아이는 살갗에 닿아 전달되는 촉감의 즐거움에 전율하고 자지러집니다. 이 즐거움을 물티슈와 알코올과 세제로 싹 지우며 위생과 바꿔야 할까요? 이렇게 놀면서 면역력이 크게 높아지고 넓어지는 것은 덤입니다. 그리고 그 시간은 인생에서 잊지 못할 장면으로, 또 촉감과 냄새와 분위기로 기억될 것입니다.

너무 걱정하지는 마세요! 아이는 지저분해지거나 더럽혀지거나 오염되지 않으니까요. 아이가 비를 맞는다고 비에 절여지거나 눈을 맞는다고 눈에 몸이 녹거나 흙덩이를 바른다고 흙이 피부 속으로 파고들지 않으니까요. 아이는 눈사람도 아니고 소금인형도 아니고 스펀지는 더더욱 아닙니다. 그래도 걱정이 된다면 갈아입을 헌 옷과 장화를 좀 더 튼튼한 것으로 준비해 주세요. 그리고 속으로 말해 보세요.

"아이는 더러워지지 않아!"

만들며 놀다

 아이가 무엇을 만든다는 것은 희망입니다. 아직도 저렇게 뭔가를 만들 궁리를 하는 아이가 있다는 것에서 말입니다. 아이가 만든다는 것은 세상을 창조하는 일입니다. 만들지 않는 아이, 만들지 못하는 아이, 만들 수 없는 환경에 갇힌 아이는 그래서 저를 아프게 합니다. 아이는 만들 수 있는데, 아이는 만들면서 그토록 기뻐하는데, 아이는 만들면서 세상을 알아가는데, 아이는 만드는 즐거움에 손끝을 떠는데, 아이는 만들면서 그토록 차분해지고 편안해지는데 말입니다.

 도무지 만들려야 만들 것이 없는 환경에서 아이가 하루의 대부분을 보내고 있다면 이를 어찌해야 할까요? 아이 가까이 무언가 만들 수 있는 것이 널려 있어야 하는데 도무지 그런 것이 손에 닿지 않는다면 어떡하지요? 정돈되고 깨끗하여 무엇 하나 꺼내기도 조심스럽고 주저하게 만드는 환경이라면 어찌지요?

 아이는 '만드는 즐거움'을 아는 존재입니다. 아이를 사랑한다면 부디 가까이 뭔가 만들 수 있는 재료와 도구와 연장과 작은 작업대를 갖추어 주세요. 인간은 도구를 사용하는 동물입니다. 그런 작업실이 아이의 놀이터입니다. 만드는 게 놀이입니다.

파괴하며 놀다

"아이는 망가뜨릴 수 있어야 새로운 것도 만들 수 있습니다."

제 놀이 철학의 중요한 기둥이기도 하고 상상과 창의를 주제로 한 강연을 부탁받을 때면 첫 번째로 소개하는 명제입니다. 이어지는 명제는 조금 더 구체적입니다.

"아이가 부술 수 없다면 새로운 것을 만들 수 없습니다."
"아이는 파괴할 수 있어야 창조할 수 있습니다."

어린이 놀이 세계에도 이 명제가 그대로 수용되어야 그들의 놀이를 이해하고 함께할 수 있습니다. 이러한 것이 다음 장에서 이야기할 '잡동사니 자유놀이터'에서는 풍부하고 빈번하게 일어납니다. 자유놀이터에 들어온 물건은 폐기물 처리장으로 넘겨지기 직전의 것들입니다. 만약 새 물건을 망가뜨리거나 부수거나 파괴한다면 여러 가지 어려움과 제약이 있을 테지요. 그러나 쓰던 물건은 문제될 것이 없습니다. 조금 더 망가뜨리거나 부수어도 배상의 책임을 묻거나 성한 것을 못 쓰게 만들었다는 나무람과 죄책감에 빠질 필요가 없으니까요. 비난받지 않고 부술 수 있는 환경이 지금처럼 아이의 일상에 절실한 때가 없습니다. 여기서 부순다는 것은 놀이를 위한 파괴이지 파괴를 위한 파괴는 아닙니다. 아이가 노는 곳에는 잔디가 자라지 못합니다.

일부러 망가뜨릴 필요까지야 없겠지만, 늘 조심스럽게만 행동해야 하는 놀이터 바깥세상과는 다른 질서가 통용되는 자유놀이터가 무척 가치 있는 장소라는 사실이 자연스럽게 드러납니다. 놀다가 조금 망가져도 이해와 허용의 폭이 넓은, 늘 긴장과 경쟁과 완벽을 요구받는 아이에게 더없이 소중한 장소인 셈이지요. 아끼고 조심하고 긴장해야 하는 것에서 홀가분해진 곳이라고나 할까요. 아이가 현대 사회를 살아가며 만나는 걱정과 긴장과 무서움을 물리치는 손쉬운 길은 망가뜨리고 부수고 파괴하며 노는 겁니다.

"무섭지만 재미있어 죽을 것 같아요!"

저희 모험놀이터에 놀러 온 아이에게 공통으로 자주 듣는 말입니다. 이 모순이 넘치는 말에 어린이 세계의 한 비밀이 숨어 있습니다. 아이는 성장하려면 위험하게 놀 필요가 있는 것이지요. 다음에 이어지는 말은 더욱 귀 기울일 만합니다.

"또 하고 싶어요!"

놀면서 갈등하고 소소하게 다치고 아무는 경험이야말로 분노와 공포와 맞닥뜨렸을 때 급작스럽게 뛰는 심장 박동을 안정화할 수 있는 검증된 안정제입니다. 예상하지 못한 장면과 부딪혀 생기는 두려움과 무서움은 어느새 통제될 수 있는 상태에 놓이게 됩니다. 게다가 무서움과 두려움은 신중함을 배울 수 있는 최선의 조건이기도 합니다. 다음에 또 하면 점점 섬세하게 다룰 수 있습니다. 위험을 스스로 감지하고 다루는 힘이 반복을 통해 더 튼튼해지기 때문입니다. 없던 용기와 대담함의 씨앗도 뿌려집니다. 그리고 용기라는 결정과 행동의 싹을 틔우고 꽃을 피우지요. 자유놀이터로 양육자와 교사와 아이를 초대하는 까닭입니다. 부서지고 무너져도 다시 만들면 되니까 아무 문제 없습니다. 아이와 우리는 시간도 많으니까요! 아이가 자랄 때 가까이서 이런 말이 흘러 넘치기를 바랍니다.

"고장 나도 괜찮아!"
"망가져도 괜찮아!"
"부서져도 괜찮아!"
"괜찮아! 괜찮아! 괜찮아!"

어지럽게 놀다

 낯설지만, 어린이 성장에 너무나 중요한 귀 안에 있는 전정기관(前庭器官)에 관해 말씀드려야 할 것 같습니다. 전정기관은 귀의 가장 안쪽에 있는 내이(內耳)에 자리 잡아 우리 몸의 균형을 잡습니다. 이 전정기관은 태아 시기 가장 빠르게 만들어지는 기관일 정도로 중요한 역할을 합니다. 덧붙이자면 전정기관은 수직, 수평, 회전, 평형뿐만 아니라 안고 서고 뛰면서 생기는 중력이나 가속도를 감지하면서 우리 몸 전체를 조율하고 조절하는 기관이라고 할 수 있습니다.
 전정기관은 이런 물리적인 기능뿐만 아니라 기분에도 큰 역할을 합니다. 가벼운 춤을 추듯이 앞뒤나 양옆으로 몸이나 머리를 살살 흔들 때 기분이 좋아지는 것을 느낄 수 있는 것 또한 전정기관이 중심을 잡으려고 하는 것에서 나옵니다. 이때 기분이 좋아지는 경험을 합니다. 기분이 좋아지면 기억력도 좋아집니다. 옛날 서당에서 앞뒤로 몸을 흔들면서 글 읽는 모습을 떠올려 보세요.

아이가 몸을 마음대로 자유자재로 쓸 수 있으려면 그에 앞서 전정기관이 잘 발달해야 합니다. 아이가 그네, 시소, 미끄럼틀, 트램펄린을 특히 좋아하는 것은 까닭이 있지요. 특별히 그네를 좋아합니다. 공중에서 앞뒤로 넓게 빠른 속도로 움직이기도 하고 줄을 한껏 꼬아 빠른 속도로 회전할 때 만나는 어지러움은 뿌리치기 어려운 재미입니다. 전정기관은 바로 이 시기에 매우 튼튼해져야 하는 기관이거든요. 만약 아이가 그네를 타거나 높은 곳에 올라가거나 빙빙 도는 것을 어려워한다면 전정기관 발달이 아직 충분하지 못한 까닭일 수 있음을 알아차려야 합니다. 흔하다고 얕잡아보는 3S(swing, seesaw, slider) 놀이기구가 사실은 전정기관 발달을 생각한 최적의 구성이라면 다시 보아야겠지요? 이러한 까닭에 열 살 안팎에는 특별히 전정기관의 눈으로 아이의 활동과 성장과 놀이를 볼 줄 아는 양육자와 교사가 가까이 있어야 합니다.

전정기관 발달에 어려움이 있는 아이는 자연스럽게 소극적으로 활동하려고 합니다. 동작이 서툴고 중심을 잃는 경우가 잦아 불쾌하고 불편해서 잘 다치고 피로 또한 쉽게 느끼기 때문입니다. 더 큰 문제는 아이 주변에서 전정기관을 자연스럽게 발달시킬 수 있는 도구나 기구나 환경이 안전 제일주의와 위험하다는 이유로 서둘러 치워지고 있다는 데 있습니다. 악순환이 일어납니다. 만약 이와 같은 조치가 동의와 긍정을 얻으려면 그 기준으로 관리되는 세상이 앞서보다 더 안전해야 합니다. 그렇지만 실제는 어떻습니까? 불신하자는 것이 아닙니다. 세상이 완전무결하지 않은 것이 자연스러우므로 아이 스스로 위험을 만나고 평가하고 결정하고 행동할 수 있어야 한다는 뜻입니다. 점점 몸을 움직이는 것에 어려움을 겪는 아이가 늘어가는 것은 걱정할 일입니다. 이런 아이는 놀이 활동 시간을 다른 친구들보다 더 많이 늘려 주어야 합니다. 무기력하게 지내는 아이도 있지만 반대로 행동이 지나칠 정도로 크고 과격한 아이도 있습니다. 원인이 같을 수 있습니다. 전정기관을 발달시킬 수 없는 빈약한 환경과 지나친 활동 제한 때문입니다. 『유럽 놀이 시설 표준』을 함께 만든 귄터 벨치히 선생님이 이런 말씀을 하셨습니다.

"필요한 것은 안전기준이 아니라 놀이기준입니다."

쉬운 방법은 움직이고 놀면서 몸과 신경과 뇌에 감각을 자주 전달하는 것입니다. 전정기관과 관련된 아이의 행동 가운데 으뜸은 역시나 구름다리에 두 다리를 걸치고 거꾸로 대롱대롱 매달리는 모습입니다. 어려서 자주 하던 흔한 자세였지 않습니까? 수평과 수직과 평형 모두를 단박에 전복해 버리는 전정기관 발달의 최고 자세! 공중제비는 또 하나의 정점임이 틀림없습니다. 전정기관 내에 중심을 감지하는 액체가 출렁이는 것을 넘어 거꾸로 그것도 엄청난 속도로 뒤집는 것이니 그 즐거움이 얼마나 클까요? 이쯤에서 놀이를 다르게 이야기하자면, 아이 귓속에 있는 액체를 출렁이게 하는 것이라고 말씀드릴 수 있습니다. 아이가 구르고 뒹굴고 매달리고 공중제비를 하고 노는 것을 볼 때 마음속에 이런 그림을 떠올립니다.

'지금쯤 저 아이의 귀 안에서 액체와 털이 어울려 기분 좋게 춤을 추고 있겠구나!'

놀이공원에 아이가 붐비는 까닭도 따지고 보면 전정기관 때문입니다. 지금은 학교 놀이터에서 보기 힘들어진, 이른바 뱅뱅이(회전 놀이기구) 설치를 학교 관계자와 소통하며 애써 권하는 까닭입니다. 다른 놀이기구와 견주어 특별히 위험하다는 근거 또한 희박합니다. 회전과 돌기는 자연스럽게 아이의 주의력을 높입니다. 내이(內耳)에 있는 액체가 빠르게 균형을 잡으면서 생기는 현기증은 곧 편안함과 즐거움으로 자리 잡습니다. 아이는 이런 움직임을 즐깁니다. 중요하고 자연스러운 현상이지요. 문제는 그런 것이 모두 위험한 행동으로 취급되어 제지 혹은 금지된다는 데 있습니다. 마땅한 기구나 장소가 없는 것도 크게 안타깝습니다.

저는 놀이터를 만들 때 평지에 가지런하게 만드는 것을 한사코 거부해 왔습니다. 놀이터 표면의 다양한 높낮이와 변화를 주는 것을 중요한 과제로 삼았습니다. 전정기관의 발달 때문입니다. 다양한 지형과 경사 속에서 다채로운 균형 감각이 길러지기 때문입니다. 그리고 밖에서 노는 것을 실내에서 노는 것보다 더 권합니다. 아이가 뛸 수 없는 실내 놀이터, 아이가 문을 열고 밖으로 나갈 수 없는 좁고 답답한 실내 놀이터는 무슨 소용이 있을까요? 실내보다 실외에서 눈의 여러 근육과 신경이 활발하게 움직이며 이는 전정기관의 발달에 직접적인 영향을 줍니다. 실내는 아이 신체의 다양한 감각이 일깨워질 수 없는 태생적 한계를 지닌 곳이라는 점을 다시 강조합니다.

모니터만 보는 자세가 이어진다면 걱정이 커집니다. 모니터 안 게임에서는 빠른 속도와 회전과 타격과 충돌이 빈번합니다만, 문제는 전정기관에는 물리적으로 전달되지 않는다는 점입니다. 전정기관이 발달하는 데 또 하나의 중요한 기제인 '충격과 반동과 타격'이 화면 안에서만 이루어진다는 것이 큰 맹점입니다. 실제로 뛰어내리고 떨어지고 튕겨나가는 것이 놀이입니다. 유전적인 영향도 있지만, 고열량과 가공식품 섭취는 늘고, 격렬한 몸짓과 활동은 부족한 비대칭이 '어린이 제2형 당뇨병'으로 이어지는 현상 또한 특별히 관심을 가져야 할 때입니다. 가파른 증가에 걱정이 큽니다. 어린이가 혈당을 조절하며 일상을 살아가는 모습을 떠올려 보세요. 전정기관은 몸과 머리를 이리저리 움직이고 돌리고 흔들며 발달하는 것인데, 게임은 대부분 몸과 머리가 고정되어 굳은 자세로 하게 됩니다. 이러한 환경이 어린이 제2형 당뇨병이 발생하는 데 알맞은 조건이라는 말씀을 덧붙입니다.

성인은 아이가 미끄럼틀을 거꾸로 올라가는 장면에 극도의 걱정과 혼란을 느낍니다. 맞습니다. 위험한 상황이 분명합니다. 그렇지만 실제로 벌어지는 일이고 아이가 즐기는 일입니다. 더러 봅니다. 거꾸로 오르는 자신도 다치지 않고, 부딪칠 찰나에 펄쩍 뛰어내려 친구도 다치지 않는 곡예와 예술에 가까운 몸의 균형과 감각의 기민함을 말입니다.

위험을 미화하려는 게 아닙니다. 그들의 행동을 꾸짖고 나무라기 전에 이해하는 것이 먼저입니다. 왜 그런 행동을, 위험을 감수하며 하는지에 방점이 찍혀야 합니다. 이러한 고도의 신체적 기술을 얼마 전까지만 해도 웬만한 아이는 놀면서 자연스럽게 습득할 수 있었습니다. 중요한 것은 특별한 훈련을 받지 않고도 그 단계에 도달했다는 사실입니다. 이것이 위험 때문에 다 무용하다 하는 것은 지나친 결벽이고 손실입니다. 모든 아이가 강하고 재빠른 아이가 되어야 한다고 주장하는 것이 아닙니다. 그럴 필요는 없습니다. 아이는 조용히 얼마든지 놀 수 있습니다. 제 이야기는 밖에서 친구들과 어울려 놀다 보면 누구나 그 정도는 몸을 가눌 수 있었는데 왜 지금 아이에게서 이런 모습을 보기 어렵냐는 것입니다. 무슨 일이 있었던 걸까요?

이제 왜 자기 몸을 제대로 가누지 못하는 아이가 증가하는지 설명이 되지 않았나요? 양육자와 교사라면 촉각, 후각, 시각, 미각, 청각이라는 오감을 넘어서는 아이의 여섯 번째 감각에 관심을 가져야 합니다. 무엇이 더 중요한 감각이라 단언할 순 없지만, 특별히 전정 감각을 놀이와 놀이터에서 강조하는 까닭이 여기에 있습니다. 전정 감각은 이 모든 감각을 어우러지게 만드는 기능을 하기 때문입니다. 성장하는 아이에게 이보다 더 중요한 감각이 없다고 할 수 있을 정도로 긴요합니다. 균형을 잡는 데 쓰려고 있는 액체의 잦은 이동을 위해서는 다양한 신체활동이 동반되어야 함을 역설적으로 말해

줍니다. 정해진 몸짓이 없고 권해진 방향과 궤도가 없는 자유놀이가 전정기관 발달에 도움이 될 수 있음은 물론입니다.

 아이의 활발한 신체 움직임과 위험한 놀이 추구는 종의 특징이면서 진화를 일으킨 중요한 동기입니다. 아이의 거친 움직임을 동반하는 위험한 놀이 성향은 그들의 생존과 사회화에 기여하고 있음을 진화의 관점에서 새롭게 발견해야겠습니다. 불안을 통제할 수 있는 자신감이 늘고 그에 따라 회복력이 향상되는 것은 자연스러운 현상입니다. 이 모든 것이 전정기관과 긴밀히 연동된다는 관점이 필요한 때입니다. 놀이는 과학이고 실증이며 생존이며 인간 진화의 최종 도착지입니다.

파면서 놀다

아이가 무언가를 파는 광경은, 아름다움을 가까이 볼 수 있는 황홀한 순간이라 특별합니다. 아이의 놀이 환경을 볼 때 먼저 살피는 것이 이곳저곳에 팔 곳과 팔 수 있는 도구나 연장이 있느냐입니다. 아무리 좋은 놀이 시설이 있고 여럿이 좋은 놀이터라고 평가해도 도무지 아이가 팔 수 있는 곳이 없다면 저는 고개를 젓습니다. 아이의 첫 번째 기본욕구에 무감한 곳이기 때문입니다. 아이는 다 파고 다 퍼 날라야 온전한 발달을 이어갑니다. 아이가 성장하는 시기에 주변에 팔 수 있거나 팔 수 있는 도구가 없다면 커다란 결핍을 만듭니다. 아이는 뭐라도 팔 수 있어야 합니다. 왜 이렇게 파는 것을 강조하는 것일까요? 귄터 벨치히 선생님은 이런 말씀을 하셨습니다.

"가장 좋은 놀이터가 어떤 모습인지 묻는다면 나는 모릅니다. 하지만 당신이 그곳에서 어떤 실수와 잘못을 할 수 있는지는 말해 줄 수 있습니다."

순천시 기적의놀이터는 "아이는 판다! 아이는 팔 수 있는 곳이 가까이 있어야 한다! 아이는 충분히 팔 수 있어야 한다!"는 저의 놀이터 철학을 담은 곳입니다. 여느 놀이터와 조금 다른 점은 팔 수 있는 곳이 중심에 넓게 자리 잡았다는 점입니다. 그곳에서 아이는 반나절을 파고 놉니다. 판 다음에는 무얼 할까요? 안으로 들어갑니다. 옆에 있던 친구는 파놓은 모래로 친구를 덮습니다. 물론 고개는 내놓고요! 가까이 친구가 없으면 자기 손으로 옆에 있는 흙을 모아 덮습니다. '파고 덮기', 이 행위는 열 살 안팎 아이가 충분히 해둬야 할 긴요한 통과의례입니다. 온전하고 충분히 노는 것의 유용함을 루돌프 슈타이너(Rudolf Steiner)는 이렇게 말했습니다.

> "어린이가 놀면서 자신의 전부를 세상에 맡길 수 있있다면, 훗날 인생의 진지한 과업을 수행할 때 자신감과 힘을 가지고 세상을 위해 헌신할 수 있을 것입니다."

자신감과 내면의 힘, 그것에 이어지는 헌신의 씨앗이 온전히 놀아 본 시간의 축적 속에서 발아됨을 슈타이너는 밝게 보고 있었던 것이지요. 그런 충분하고 온전한 것과의 포옹이 흙놀이이고 모래놀이입니다. 그 과정에서 아이는 커다란 몰입과 이어지는 한없는 평화로움을 피부로 냄새로 공간감으로 느끼기 때문입니다.

 좋은 놀이터! 멋진 놀이터! 익사이팅한 놀이터! 좋습니다. 그렇지만 먼저 '충분히 팔 수 있는 놀이터! 파고 덮을 수 있는 놀이터! 파고 나를 수 있는 놀이터!'가 먼저입니다. 성인의 취향과 시혜를 놀이터에 담는 방식에서 벗어나야 합니다. 저는 이런 놀이터를 성인의 자의식에 '코팅된 놀이터'라 부릅니다. 거듭 말씀드리지만, 어린이와 청소년의 '기본욕구'을 이해하고 실현해야 합니다. 파고 덮고 나르고 다음에 이어지는 것은 '쌓기'입니다. 가져온 흙이나 모래로 무언가 형태를 정성스럽게 만들어가는 것이지요. 날이 저물어 집으로 돌아갈 시간이 오면 오랜 시간 애써 만든 것을 가차 없이 쓸어버리고 미련 없이 돌아서는 석양에 물든 아이를 보면서 놀이의 백미와 마주합니다. 왜 놀이가 체험과 경험과 한낱 프로그램과 다른지 서늘하게 목도합니다. 공들여 만든 것을 후회 없이 무너뜨리는 것이 놀이이기 때문입니다.

돌아다니며 놀다

 유치원이나 어린이집 그리고 초등학교에 방문할 일이 있어서 가보면 아이가 바닥에 앉아 있거나 책상에 앉아 생활하는 모습을 보게 됩니다. 어려운 말씀을 하자면, 아이를 이렇게 좌식과 입식에 긴 시간 두어서는 곤란합니다. 성장하는 아이의 발달에 여러모로 맞지 않기 때문입니다. 아이의 움직임을 최소화하는 것인데 이런 환경은 자연스러운 신체 발달을 억압할 뿐만 아니라 심리와 정서와 감각에도 큰 영향을 줍니다. 바닥에 앉든 책상에 앉든, 앉아 있는 것이 아이에게 고역입니다. 특히 긴 시간 그런 상태로 하루를 보내는 것은 문제이고, 실제로 활동이 부족한 까닭으로 생기는 부작용과 반발과 짜증이 기관 본래의 기능을 수행하기 어렵게까지 만들고 있습니다.
 책상과 의자는 특히 영유아와 초등 저학년 어린이 교실에는 여러모로 부적합하다는 것이 저의 최종 견해입니다. 유아에서 초등으로 넘어오는 1학년 아이들에게 여러 갈등과 문제와 어려운 점이 중첩되는 한 가지 까닭을 저는 교실 놀이 환경의 갑작스러운 변화 또는 사라짐에서 오는 박탈 때문이라고 봅니다. 초등 1학년과 2학년만이라도 비구조화된 개방적 교실 환경을 마련한다면 이 시기 집중되는 많은 난제가 풀릴 것이라 믿습니다.

왜 이렇게 이야기하는 것일까요? 이런 구조 자체가 이 시기 아이 신체에 관한 이해 부족 때문에 생긴다는 말씀을 애써 드리고 싶은 까닭입니다. 아이의 신체는 서서 움직이도록 만들어져 있지, 앉아서 멈춰서 하루를 보내게 만들어져 있지 않기 때문입니다. 동무들과 어울려 거친 씨름과 날렵한 널뛰기를 해도 모자랄 생명의 기운이 충만한 아이를 꼼짝 못하게 하고 무엇을 가르칠 수 있을까요?

격하게 말씀드리자면, 먼저 포박된 아이의 신체를 해방하고 배움으로 나아가야 합니다. 부드럽게 말씀드리자면, 아이는 더 많이 움직일수록 더 많이 행복합니다. 놀이가 아이에게 그렇게 중요한 까닭은 배우는 방법을 배우기 때문입니다. 우리에 갇힌 원숭이는 뇌세포 생성이 둔화하거나 만들어지지 않았습니다. 영장류의 하나인 인간도 그럴 가능성이 있습니다. 아이는 뒹굴고 넘어뜨리고 넘어지고 밀치고 당기고 부딪치는 거친 몸짓을 놀이 속에서 할 수 있어야 성장합니다. 포유류인 아이에게 이러한 몸짓을 허용하고 있지 않다면 그들의 많은 성장을 가로막고 있다고 보아도 좋지 않을까요?

여기서 제가 생각하는 '놀이'와 '배움'과 '교육'의 관계에 관해 잠시 적어 두려고 합니다. 많은 분이 짐작하는 것과는 달리 저는 이 셋 가운데 배움(Learning)을 가장 중심에 놓고, 그 양옆에 놀이(Playing)와 교육 또는 가르치기(Teaching)를 두고 있습니다. 가장 중요한 배움에 도달하기 위한 두 가지 경로가 있는데, 그 하나는 당연하게도 '가르치기'를 통해 배운다는 사실입니다. 저는 '가르치기'의 가치를 한껏 지지하며 조금도 부정하지 않습니다. 또 하나의 경로는 이 책에서 길게 이야기하고 있는 '놀이하기'를 통해 배운다는 것입니다. 이 둘은 서로 경쟁적이거나 상호모순적 관계가 아니라 협동적이며 상호보완적 관계에 있습니다. 아이가 세상을 살아가는 데 배우는 것만큼 중요한 것은 없습니다. 그러나 배움에는 두 개의 날개가 모두 필요합니다. 제 자리로 조금 이동해 말씀드리자면 노는 것은 무엇보다 중요합니다. 놀면서 배우는 것은 참으로 많고 뇌가 가장 즐기는 배움의 방식이니까요. 둘이 배우는 방식이 크게 다른 점도 잊지 않아야 합니다. 가르치기는 교사가 동반해야 배움이 일어나지만, 놀이는 교사가 동행하지 않아도 배움이 일어난다는 점입니다. 그러나 저는 또한 잊지 않고 있습니다. 놀이가 중요하지만, 아이가 세상 모든 것을 놀면서 배울 수 있는 것은 아니라는 분명한 사실을! 교사와 놀이활동가 모두 아이 가까이서 공감하고 협업해야 하는 까닭입니다. 아이가 창의와 상상의 세계로 들어서는 데 필수인 자유놀이를 지원하고 권장하는 방법을 양육자와 교사는 꼭 알고 있어야 합니다. 이것은 우리의 의무이고 책임입니다.

다음 장에서 이야기할 잡동사니 자유놀이터에 아이가 오면 앉아 있는 아이가 적습니다. 여러 물건이 아이를 움직임 속으로 초대하기 때문입니다. 몸을 일으켜 돌아다니면서 온몸으로 주변의 사물과 관계와 흐름을 읽어 냅니다. 자유놀이터의 이로운 점입니다. 아이가 돌아다니는 게 당연하고 자연스럽다는 대 긍정이 필요합니다. 한곳에 아이가 멈춰 있거나 앉아 있는 시간이 늘고 있다면 그 공간의 운영 원리와 규칙을 재검토해야 마땅합니다. 나아가 아이의 일과를 보면서 멈춰 있는 시간과 움직이는 시간의 안배가 적절한지 아니면 한쪽으로 기울어 있는지도 균형 있게 살펴야겠지요? 앉아 있으면 아이는 기운을 잃습니다.

생각해 보세요. 움직이도록 만들어져 있는 아이의 신체가 그것도 가장 활발하고 생기 있게 움직여야 할 시간과 시기에 특정 장소와 특정 가구에 비끄러매어 있는 모습을! 아이가 짜증 나고 화나고 아프지 않을 수 있을까요? 결박된 아이의 '신체'를 풀어 주는 것이 배움의 시작이라고 했습니다. 실험과 탐험과 모험하려는 움직임을 성인이 막아서면 결국 이어지는 것은 복종이거나 반항이거나 저항이거나 동기의 상실입니다. 아이가 필요한 것은 복종이나 반항이 아니라 관계의 평등입니다. 평등한 관계가 아이 성장의 광활한 서식지인 까닭입니다. 아이는 인형이 아닙니다. 그런데 왜 이런 방식이 굳게 자리 잡았을까요? 아이의 활동 영역을 줄이는 것이 안전하고 교육적이라는 생각 때문입니다.

도무지 받아들일 수 없는 실제와 맞지 않는 중대한 오류이고 착각입니다. 움직일 수 있어야 안전하고 더 잘 배웁니다. 더 많이 움직여야 더 많이 안전합니다. 조금 더 행복해지는 것은 물론이고요. 아이가 주도하고 판단하고 결정할 수 있어야 안전과 배움이 담보됩니다. 돌아다니도록 만들어진 신체를 가진 아이가 돌아다니지 못하게 구성해 놓은 배움의 환경 속에서 얼마나 답답할 것이며 그곳에서 어떤 참신한 사고와 행동과 관계가 일어날까요?

움직이지 않으면 안전하다는 것은, 매우 그리고 가장 위험한 생각입니다. 아이가 돌아다닐 수 없다면 제한된 정보로 사고는 진부해집니다. 아이의 신체를 포박하고 자유와 배움을 논할 수 없습니다. 나아가 움직이고 돌아다니며 자유의 기쁨과 환희를 체득한 아이가 다른 아이의 자유를 구속할 까닭도 없습니다. 기쁨과 환희는 또 다른 즐거움과 환대를 부릅니다. 그래서 움직임을 늘 동반하는 놀이는 진지하고 심각한 배움이며 아이와 양육자와 교사를 다시 만나고 화해시킬 유일한 접점입니다.

나가서 놀다

 추워도 더워도 아이가 실내에서 벗어나 밖으로 나가서 놀려고 하는 것에 제한이나 걱정이 줄어야겠습니다. 건강한 놀이 환경을 아이에게 주고 싶은 분께 쉽고 짧고 분명하게 말씀드립니다. 그렇다면 아이와 함께 밖으로 나가 주세요. 언제라도 좋고 어디라도 좋습니다. 이른 아침도 좋고 늦은 저녁이면 더 좋습니다. 현관 밖도 좋고 대문 앞이라도 좋습니다. 꼭 놀이를 생각하고 전래놀이나 놀이터 비슷한 것을 애써 찾을 필요는 없습니다. 실내에서 벗어난 곳이라면 일단 훌륭한 놀이 활동이 펼쳐지는 곳이니까요. 그곳에서 남다른 주제를 염두에 두지 않아도 문제없습니다. 밖으로 나가는 것 자체가 이미 놀이 시작이기 때문입니다. 배회가 놀이입니다. 앞선 세대와 견주어 바깥에서 놀거나 보내는 시간이 반의반으로 줄었습니다. 그로 인한 문제가 없으면 도리어 이상한 일이지요.
 왜 이토록 바깥을 강조하는 것일까요? 아이가 실내에

서 보내는 시간이 빠르고 급격히 증가하면서 크고 작은 문제가 빈번해지고 있기 때문입니다. 팬데믹이 끝나 좀 나아질까 기대했지만, 팬데믹의 관성이 그대로 이어지며 아이와 함께하는 여러 기관에서 이전 수준으로 바깥 활동이 회복되지 않고 있습니다. 경각심을 가져야 할 수준입니다. 아이가 실내에 긴 시간 머무르는 폐해는 말할 수 없이 큽니다. 첫 번째 놀지 못하고 있는 분명한 지표가 됩니다. 아이가 실내에서도 얼마든지 놀 수 있지 않느냐는 반론이 있을 수 있습니다만, 동의하지 않습니다. 실내에서는 제한적이며 간접적인 놀이만이 가능합니다. 밖으로 나가야만 스위치가 켜지고 활성화되는 감각과 뇌 영역이 대부분임을 덧붙여야겠습니다. 아이가 바깥으로 자주자주 쉼 없이 나가야 하는 까닭입니다.

긴요한 사실은 아이가 공적이거나 사적인 교육기관 안에 오래 머무르는 것을 결코 원하지도 동의하지도 않는다는 것입니다. 아이들은 실내 교육기관에서 일정 시간이 지나면 너무나 벗어나고 싶고 마침내 자력으로 탈출을 시도하는 상태에 다다릅니다. 실내에서 머무는 일정 시간이 지나면 몸이 뒤틀리고 몸부림을 치는 아이를 쉽게 볼 수 있습니다. 아이가 얼마나 고통스러울까요? 장시간 아이를 기관에 그것도 실내에 붙잡아 두는 것은 동의되지 않은 심각한 인권침해입니다. 장기적으로 아이의 자유의지를 손상해 무력감과 자발적 복종에 빠지게 만드는 폐해가 눈덩이처럼 커집니다.

합리적인 성인이라면 빨간불을 켜고 경각심을 가지고 그 위험을 동료와 책임자에게 알리고 구성원이 함께 논의해 개선해야 합니다. 최소한의 실내와 실외, 기관과 외부, 관리와 자율의 균형이 사려 깊이 자리 잡기를 호소합니다. 이런 관행이 숙고 없이 강제되면 이른바 '학교 가지 않는 아이' 또한 증가할 것을 예상해야 합니다. 처음에는 조금 어려울 수 있지만 '학교 가지 않는 아이'에 관한 인식도 큰 변화를 맞을 것입니다. 좀 더 나아가 학교에 가지 않는 것이 문제는 아니라는 사회적 합의에도 도달할 수 있습니다. 아이는 학교가 아닌 곳에서도 배울 수 있다는 판단이 늦지 않게 논의되고 자리를 잡아 어려운 처지에 놓인 아이가 고립으로 고통 받지 않도록 차분한 준비가 지금부터라도 필요합니다.

실내는 놀이에서 중요한 기둥인 호기심을 일으키기에 빈곤한 곳임을 처음부터 헤아려 알고 있어야 합니다. 또한 정리도 맨날 해야 합니다. 그러나 바깥은 정리가 한결 자유롭습니다. 조용히 하라는 말도 줄어듭니다. 당연히 양육자나 교사 모두에게 더 여유로움을 줍니다. 실내는 아무짝에도 쓸 곳이 없다는 말로 오해하지 않기를 바랍니다. 최소한 실내와 실외의 균형이라도 맞추어야 한다는 말을 전하려는 것입니다. 그러려면 현재 실내 놀이터와 실내 교실 환경은 커다란 구조적 변화가 일어나야 합니다. 한사코 방 안에 또는 실내에 머무르려는 청소년과 성인이 늘어가는 한 가지 중요한 원인도 함께 생각해 보아야겠지요?

 활동량에서도 실내는 턱없이 부족하고 모자랍니다. 기본적으로 놀 때 일어나는 쫓고 쫓기기, 뛰기와 뛰어내리기, 오르기와 매달리기와 같은 것이 거의 불가능하고 가까이 있는 성인으로부터 제한받기 일쑤입니다. 눈에 띄는 커다란 변화 하나가 어린이와 청소년의 시력이 과거와 견주어 크게 떨어지고 있다는 점입니다. 물론 장시간의 스크린 사용이 원인으로 쉽게 지목되지만, 저는 다른 점을 주목하고 있습니다. 밖으로 나가 움직이고 뛰어야 공간을 인식하고 거리감을 배웁니다. 그래서 바깥 놀이는 근시를 줄이지요. 안구에 연결된 6개의 근육이 활발히 움직이는 것도 같은 조건입니다. 바깥 놀이 활동 부족을 어린이와 청소년의 시력 저하, 특히 근시의 가장 직접적인 원인으로 인식할 필요가 있습니다. 바깥 놀이 활동을 늘리면 먼 곳을 보게 되고 자연스럽게 가까운 것만 보던 시력을 회복할 기회와 만난다는 뜻입니다. 더 쉽게 말하자면, 시력이 더 나빠지지 않으려면 바깥으로 나가 자유놀이 시간을 충분히 가져야 합니다. 푸른빛이 넘치는 자연과 가까이라면 더 좋겠지요.

또한 뛰어내려야 충격과 반동과 중력을 배웁니다. 이 모두가 밖으로 나가야 하는 까닭입니다. 여기서 안전에 관한 반론이 늘 나옵니다. '바깥은 실내보다 아이에게 위험하다'라는 호소입니다. 이 명제는 과학이나 통계로 증명된 바 없으며 실제 연구와도 완전히 반대임을 분명히 밝힙니다. 상처를 입고 병원에 실려 오는 아이 대부분은 실내에서 다쳐서 온다는 것이 실제 통계입니다. 아이가 밖으로 나가면 실내에서보다 월등히 자신을 스스로 지키고 돌보는 감각이 활성화됩니다. 그리고 비타민 D가 자연스럽게 몸에 흡수됩니다. 비타민 D는 뼈를 튼튼하게 할 뿐만 아니라 마음과 기분을 좋게 해주어 어린이와 청소년이 불안과 우울에 빠지지 않게 도와줍니다. 면역 체계도 당연히 강화됩니다. 어린이와 청소년이 밖으로 나가야 하는 과학적 근거입니다.

항우울제로 알려진 세로토닌(Serotonin)과도 긴밀한 상호관계가 있습니다. 세로토닌은 밖으로 나가 햇볕을 받으며 몸을 움직이면 자연스럽게 늘어납니다. 수면과 관계 깊은 멜라토닌과도 아주 중요한 파트너입니다. 도파민과 더불어 세로토닌은 어린이와 청소년의 정신과 건강 차원에서 잊어서는 안 될 긴요한 신경전달물질이 분명합니다. 이 모든 것이 실내에서는 원천적으로 차단됩니다.

밖으로 나가면 짜증 또한 줄어듭니다.

 '아이가 놀기에 좋지 않은 날씨는 없다'는 말이 있습니다. 놀기에 좋지 않은 옷이 있을 뿐이지요. 추우면 따듯하게 입고 더우면 가볍게 입고 비 오면 비옷 걸치고 밖으로 나가는 것으로 충분합니다. 미세먼지가 아이와 함께 밖으로 나가는 발목을 잡기도 합니다. 어렵고 미안하지만, 날씨가 좋지 않은 날에도 마스크를 쓰고 밖에서 노는 것에 아이 또한 적응해야 합니다.

 실내가 실외보다 안전하다는 생각과 판단과 실행은 여러 아이와 밖으로 나가는 것이 성인과 기관에서 판단하기에 더 많은 위험에 노출된다는 부담을 가져서 그런 것 같습니다. 앞에서 그렇지 않다고 분명히 말씀드렸습니다. 꼭 멀리 찾아가야 하는 자연일 필요는 없습니다. 도시에서도 문밖으로 나갈 수 있으면 충분합니다. 거리라면 더욱 좋습니다. 실내는 언제나 제한적입니다. 아이를 실내에 긴 시간 두고 머물게 하는 관행은 신속히 수정되어야 합니다. 안전을 위한다면 더욱 밖으로 나가야 합니다. 아이는 오늘도 창 너머 바깥을 쳐다봅니다. 아이는 추위도 더위도 밖으로 나가고 싶습니다. 나가서 날마다 변하는 것을 보고 느끼고 만지고 냄새 맡고 싶습니다. 더 이상 아이를 실내에 오래도록 두지 말고 밖으로 나갈 수 있게 문을 열어야 합니다. 아이는 그렇게 점점 더 세상으로 나가야 합니다. 아이는 좁은 실내에서 서로 부딪혀서 자주 다칩니다. 아이가 미래에 세상으로 용기를 내어 성큼 걸어 나가기를 바란다면 지금이라도 굳게 닫힌 문을 활짝 열어 주세요. 가택연금 상태에 신음하는 어린이가 밖을 발견할 수 있도록 도와주세요. 마음의 자물쇠를 여세요. 태아가 태반이 필요하듯 아이는 발 디딜 대지가 필요합니다. 실내와 실외의 신체활동 정도는 비교 불가능합니다. 특히 이 주제에 관해 남녀의 차별이나 구분을 두어서는 안 됩니다.

세상이 위험한데 그러다가 유괴나 납치를 당하면 어떻게 하냐고요? 실제로 그런 일은 과거에서 현재로 올수록 천문학적 비율로 줄었음을 여러 통계 자료가 뒷받침하고 있습니다. 덧붙여서 실제 유괴의 주체는 타인이 아니라 가까운 가족이나 친인척이 압도적입니다. 유괴와 납치에 관한 걱정과 우려는 한 사건을 반복해서 여러 매체에서 동시에 방송을 내보내는 것에도 까닭이 있습니다. 이러한 까닭으로 아이의 독립적인 야외 활동을 막고 있다면 그것은 지나친 안전 집착이고 과잉된 공포에 사로잡힌 것으로 볼 수 있습니다.

아이에게 애착 인형만큼 소중한 SNS와 스마트폰을 줄이라고만 할 것이 아니라 밖으로 나가 친구와 세상과 날씨와 자연과 교류할 수 있게 하는 것이 더 이롭다는 말씀을 드리고 싶습니다. 새장 속에 살며 새장 밖으로 나갈 방법은 없습니다.

거듭 말씀드리지만 가장 위험한 것은 아이가 밖으로 나가려는 것을 막고 한사코 실내에 두는 결정입니다. 바깥과 실감과 교류가 가로막힌 어린이와 청소년은 무엇을 선택할 수 있을까요? SNS와 게임 속 가상공간밖에 더 있을까요? 그것까지 나무라며 몰인정해지지는 맙시다. 아파트 소파가 안전합니까? 아니면 아파트 놀이터가 안전합니까? 바깥 놀이터가 단연코 안전합니다. 나아가 아파트 놀이터보다 모험놀이터가 더 안전하다는 실증적 연구는 의미심장합니다.

모험놀이터에서 아이가 덜 다치는 까닭은 당연하게도 아이가 놀이를 주도하고 위험을 판단하고 평가하기 때문입니다. 아이가 하고 싶은 것을 모험놀이터에서 실현할 수 있기 때문입니다. 다치는 까닭은 엄밀히 말해 무엇도 실행해 볼 수 없는 것으로 가득 찬 장소에서 대부분 시간을 지루하게 보내기 때문입니다. 강조하자면 하고 싶지 않은 것을 하므로 다친다는 말입니다. 하고 싶은 것을 하는데 왜 다치냐는 말입니다. 하고 싶은 것을 하면 주의력이 당연히 올라갑니다. 그래서 하고 싶지 않은 것을 하니 다친다는 역설이 가능합니다. 하고 싶지 않은 것을 오랜 시간 지속하며 주의력이 떨어진다는 것은 분명 부상의 전조입니다.

 벗과 함께 10년 정도 모험놀이터를 지역에서 꾸려오고 있지만, 모험놀이터는 인류가 만든 가장 논쟁적인 장소 가운데 하나가 맞습니다. 동시에 모험놀이터가 교육과 도시의 실패에 관한 대안적 서식지임도 분명합니다. 그래서 모험놀이터와 더불어 뒤에서 살펴볼 잡동사니 자유놀이터는 매력적이며 동시에 문제적입니다. 특히 우리 사회에서 더욱 그러한 것 같습니다. 국내의 몇몇 모험놀이터 시도가 자리 잡지 못한 까닭이기도 합니다. 지원과 자립의 균형을 잃는 것도 아픈 지점입니다. 앞서 말씀드린 놀이 철학을 바탕으로 유지하고 실천해 온 저희 모험놀이터 또한 지난 10년 동안 여러 고난을 다채롭게 겪었습니다. 그때마다 벗과 함께 이런 결정을 했습니다.

'문을 닫는 결정을 내리지 않는 결정'

 이런 단순한 결정을 되풀이하며 '공부와 관찰과 아이들과 함께 지내는 즐거움'으로 모험놀이터를 이어왔습니다. 동네 아이들이 밖에서 가장 행복해하는 곳이니까요. 그들의 성장을 밖에서 볼 수 있는 곳이니까요. 그들의 빛나는 시절을 함께하는 곳이니까요. 그들은 밖에서 더 자유롭고 아름다우니까요. 안전한 곳이 실내가 아니라 밖일 수 있다는 균형 잡힌 사고가 양육자와 교사에게 닿았으면 합니다. 그래야 우리도 지금보다 더 마음 편히 아이와 지낼 수 있으니까요.

밖으로 나가야 한다는 말을 길게 했습니다. 어렸을 때 즐기던 것이 있었는데, 낮이고 밤이고 사당동 산 24번지 일대를 천천히 때로는 빠르게 돌아다니며 사람들이 먹고 놀고 싸우고 자고 깨고 일하며 사는 모습을 관찰하는 일이었습니다. 때로는 친구와 함께하기도 했습니다. 그러나 만약 성인이 이 활동에 동행했다면 동네 야행(夜行)이라는 저만의 판타지는 깨지고 말았을 것입니다. 성인 없는 시간과 공간에서의 경험은 무엇과도 바꿀 수 없는 대자유였음을 추억합니다. 캄캄한 밤, 아이와 함께 밖으로 나가 동네를 일없이 배회해 보면 어떨까요. 밤은 낮보다 신비하니까요. 언젠가는 아이 혼자 밖으로 나갈지도 모릅니다.

더워도 밖으로! 추워도 밖으로! 캄캄해도 밖으로!

학교에서 놀다

　현재 초등학교 놀이터가 맞닥뜨리고 있는 처지와 위상은 다음과 같습니다. 어린이가 학교 놀이터를 벗어나 놀 수 있는 장소와 시간을 찾기가 거의 불가능한 상태에 마침내 도착했습니다. 이름 붙이자면 '방과 후 놀이 불가능' 상태라 할 수 있겠습니다. 길게 이야기하지 않아도 충분히 이해할 것으로 생각합니다. 학교를 마치고 해야 할 것이 촘촘히 기다리고 있기 때문입니다. 그렇다면 어린이가 놀 수 있는 유일한 곳은 학교이고 그곳은 학교 놀이터라는 역설이 성립합니다. 두 번째는 획일화의 정점에 있는 학교 놀이터입니다. 조금씩 변하고는 있지만 많은 학교 놀이터는 아직도 아파트 놀이터와 구분되지 않습니다.

　이른바 '창의와 스마트'를 아이콘으로 삼고 있는 교육과는 큰 모순과 균열을 봅니다. 획일적인 장소에서 창조하라는 억지가 학교 놀이터에 그늘을 드리웁니다. 이러한 획일적 놀이기구와 놀이터 구성이 사고와 부상의 원인이라는 것은 널리 알려진 사실입니다. 지루함 속에서 재미를 추구하려다 보니 다치는 일이 잦을 수밖에 없지요. 세 번째는 평면적이라는 것입니다. 학교 운동장이 어찌 보면 하나의 커다란 플레이그라운드인데 변화 없는 평탄한 구조입니다. 물리적·심리적으로 여러 굴곡이 있는 세상을 마주할 아이가 긴 시간을 평평한 운동장에서 보낸다는 것은 어떻게 보아도 모순적 상황입니다.

초등학교 운동장과 저 한쪽 구석으로 밀어버린 놀이터의 변화를 위해서는 다음의 몇 가지 새로운 길을 모색해야 합니다. 첫 번째는 학교 밖에서 어린이가 놀 수 없음을, 놀 수 있는 시간을 마련하기 어려움을, 놀 수 있는 장소 찾기가 불가능함을 현실 속에서 냉정하게 알아차리는 일입니다. 어린이는 언제 어디서나 무엇을 하고도 놀 수 있습니다. 그러나 극한의 경쟁과 지나친 학업으로 많은 고리가 끊어지고 파편화되기에 이르렀습니다. 더러 학교 현장 관리의 어려움으로 놀이와 신체활동 부족에 힘들어하는 아이에게 거꾸로 '놀이 축소'나 '놀이 금지'나 '운동장 사용금지' 처방이 전달되기도 합니다. 아이와 교사 모두에게 이로운 건설적이고 참신한 방법이 강구되길 간절히 바랍니다.

이러한 놀이 금지는 놀이 보상과 연동되어 이해될 필요가 있습니다. "무얼 하면 놀게 해줄게!"랄지 "무얼 마치기 전에는 놀 수 없어!"와 같은 과제 수행의 결과로 놀이를 보상하는 행위는 꽤 큰 문제를 일으킬 수 있어 주의가 필요합니다. '놀이 금지'와 같은 처벌이나 '놀이 허가'와 같은 보상은 주체인 어린이의 내적 동기를 시들게 하고 말려버리기 때문입니다. 놀이의 내적 동기란 어떠한 보상이나 포인트 없이 자기 결정과 자기 지시에 따라 일어나는 일입니다. 놀이 보상 또는 놀이 박탈의 공통점은 이러한 '내적 동기'를 무력화시킵니다. 당연히 폐해가 장기적으로 클 수밖에 없지요. 보상이나 처벌이 없으면 동기가 유발되지 않는 상태에 놓이니까요. 성인 결정 놀이 활동이 아니라 어린이 주도 놀이 활동이 긴요한 까닭입니다.

정말 그럴까? 놀랄지 모르지만, 쉬는 시간과 점심시간에 운동장 나가는 것을 금지하는 학교가 늘고 있습니다. 걱정이 있어서입니다. 그러면 언제 운동장을 나갈 수 있을까요? 수업을 다 마치고 운동장에 나갈 수 있습니다. 옆 반 교실에 가는 것도 금지되고 있습니다. 이를 지켜보는 학교에서 아이들과 함께 생활하는 교사의 깊은 신음과 통증이 전해집니다. 상황이 이렇다 보니 쉬는 시간과 점심시간에 아이들은 아이들대로 비좁은 실내와 교실과 복도에서 응축된 에너지가 여기저기서 폭발하며 우당탕통탕 난리인데 운동장은 그야말로 적막강산입니다. 아이가 다치는 가장 빈번한 첫 번째 환경이 과밀임을 생각하면 이치에 맞지 않습니다. 그나마 초등 1학년과 유치원과 어린이집은 조금 나으니 위로를 삼아야 할까요? 우리는 어쩌다 여기까지 왔을까요? 이것은 우리 자신을 스스로 무너뜨리는 일이 아닐까요? 최후의 희망은 그 협소함과 그 세밀한 규칙 속에서도 어떻게든 노는 불사의 어린이입니다. 우리가 만약 다시 시작할 수 있거나 다시 시작해야 한다면 어떠한 상황에서도 놀이의 균열을 내고 어디서든 어떻게든 노는 어린이를 새삼스럽게 발견하고 고마워하는 것에서부터일 것입니다. 부족하지만 제가 오래 해온 일이기도 합니다.

어려운 점이 헤아릴 수 없이 많고 복잡하지만, 이 점을 살펴 학교 놀이 환경을 지금보다 좀 더 풍성하게 가꾸는 일을 시작했으면 합니다. 엄정한 현실을 말하자면, 이제 어린이가 안심하고 마음껏 놀 수 있는 곳은 학교 놀이터와 몇몇 장소밖에 남아 있지 않습니다. 두 번째는 학교 놀이터를 새롭게 하는 방안을 말씀드려야겠지만 실제로 학교 놀이터를 재구성하려면 많은 재원과 시간이 필요합니다. 놀이 환경 개선을 위한 예산 부족은 점점 더 심해질 것입니다. 변화를 기다리던 아이는 곧 졸업해 버릴 테지요. 그렇다면 우리는 어떤 길을 모색해야 할까요. 놀 수 있는 환경을 지금 당장 큰 예산을 들여 바꾸기 어렵다면 어린이와 양육자와 교사가 지혜를 모아야 합니다.

학교에서 어린이가 놀 수 있는 시간의 확장으로 실마리를 찾았으면 합니다. '놀 수 있는 시간', 이것이야말로 놀이의 중심 기둥입니다. 쉽게 말해 놀 수 있는 시간이 있다면 그곳이 최고의 플레이그라운드입니다. 놀 시간이 주어진다면 새로운 놀이터는 딱히 필요없습니다. 예산에 붙잡히지 말고, 시간을 만들자는 말입니다. 현장에 어려움은 있습니다. 나아가 최선의 방안은 놀이가 지금처럼 교육과정에 분절적으로 끼는 것이 아니라 놀이가 교육과정 전반에 스며들어 통합되는 일임을 밝게 살펴 건설적인 개정이 필요하다는 말씀 꼭 하고 싶습니다.

세 번째, 변화와 불확실성이 일상이 되어가고 있는 상황을 직시할 때 균질한 학교 운동장은 개선이 절실합니다. 놀이터와 운동장을 바꿀 큰 비용이 없다는 점을 전제로 말씀드리자면 평지에서 벗어날 수 있도록 높낮이가 다른 언덕이 이어지는 구릉 같은 것을 어울리게 두는 것도 좋은 방법입니다. 재료가 모두 흙이라 큰 비용이 들지 않습니다. 오랜 시간 학교 현장에 '흙산 만들기 운동'을 알렸는데 실천한 곳이 여럿이고 효용도 검증되고 있습니다.

또 하나는 한때 권위의 상징이었지만, 현재는 큰 쓸모

를 찾기 어려운 구령대를 새로운 놀이 환경으로 변화를 주어 운동장으로 나가는 새로운 길을 여는 방안입니다. 구령대 양쪽에 다른 형태와 기능을 가진 미끄럼틀을 달아 구령대에서 운동장으로 즐겁게 내려갈 수 있게 할 수 있습니다. 조금의 여유가 있다면 물길과 그늘을 추가하고 언저리에 넓은 모래 놀이터를 만드는 일입니다. 모래 또한 큰 비용이 들지 않습니다. 흙과 모래와 물은 놀이터의 고향입니다. 궁극적으로 다음 장에서 말씀드릴 '잡동사니 자유놀이터'를 적극 추천합니다. 긴요한 것은 이 과정을 2~3년 나누어 차분하고 알뜰하게 가꾸며 추진하는 일입니다. 우리는 이제 아이도 예산도 없습니다. 정성과 지혜를 쓸 때입니다. 놀 시간을 만들고 놀이 환경을 가꾸는 곳이 놀이터입니다.

불과 놀다

 물은 놀이의 시작이고 불은 놀이의 끝이라고 할 수 있습니다. 아이는 양수(羊水)에서 옵니다. 사람은 불과 함께 사라집니다. 물과 불은 이렇듯 원초적입니다. 그래서 아이는 물과 불에 매혹됩니다. 물과 불은 아이를 타임머신에 태워 문명의 시원으로 곧장 데려갑니다. 이처럼 긴요한 물과 불인데 아이에게 특별한 것이 되어가고 있어 안타깝습니다.

 물과 불은 재생의 힘을 가지고 있습니다. 아이가 물과 만나 놀고 있을 때 모습을 떠올려보면 쉽게 알 수 있습니다. 불 또한 그렇습니다. 멀리 가거나 특별한 장소를 예약하지 않으면 불을 피우기 쉽지 않지만, 막상 불을 피우면 부르지 않아도 아이가 하나둘씩 불 둘레로 모여듭니다. 저희 내외가 꾸려가는 모험놀이터의 상징적 놀이이기도 합니다.

 모이면 서로 모습에 드리워진 온기 가득한 불빛을 느낍니다. 불은 아이를 부르고 서로에게 따뜻함을 옮깁니다. 물과 불은 아이를 차분하게 어루만집니다. 가부좌를 틀고 명상하지 않아도 자연스레 침잠하게 됩니다. 아이가 아프거나 불편하면 물과 불을 더 자주 가까이해야 하는 까닭입니다.

물과 불 중간 정도에 흙이 있습니다. 흙은 물을 만나 완전한 놀이로 나아갑니다. 불은 흙 위에서 피워질 때 아이에게 가 닿습니다. 물과 불을 모두 품어주는 것 또한 흙입니다. 불은 물을 만나 사라지는 마법을 아이에게 보여줍니다. 아이가 놀 때 꼭 필요한 이 세 가지는 너무 소중하여 모두 한 글자입니다.

물. 불. 흙.

이것으로 놀이 환경은 충분합니다. 물과 불과 흙 없이 놀아야 해서 늘 결핍과 허전함과 억지가 생깁니다. 물과 불과 흙은 어린이의 일차적 욕구와 충동의 필수재이자 놀이의 온전한 서식지입니다.

위험하게 놀다

21세기 문명화된 오늘을 사는 어린이와 청소년은 앞선 시기보다 진전된 '안전' 속에서 지내고 있습니다. 바꾸어 말하자면 근대 이전에 흔했던 '치명적 위험'으로부터 꽤 벗어난 상태라고 할 수 있습니다. 그러나 공교롭게도 현재의 어린이와 청소년의 삶은 더 복잡한 '위험'과 '불안'과 '우울'과 맞닥뜨렸습니다. 게다가 어린이와 청소년이 살아갈 미래에 마주할 '위험'은 계산할 수 없는 국면입니다. 멀리 예측하려는 우려와 욕심을 내려놓고 눈앞에 보이는 어린이와 청소년의 고통과 자유에 관해 집중하는 것이 유익하지 않을까 생각합니다. 거칠고 위험한 놀이는 어린이와 청소년의 지속 가능한 소통과 생존에 눈뜨게 해줍니다. 그러한 위험과의 빈번한 접촉을 통해 경계가 어디에 그어져 있는지 체득하게 되어 안전이 확보되고 익숙해지며 세상과의 소통 또한 수월해질 수 있습니다. 특히 지난 팬데믹 3년은 앞으로 어린이와 청소년이 긴 시간 살아가야 할 미래의 축약판을 보여준 것이라 의미심장합니다.

위험이 무엇인지 합리적이고 또렷이 어느 시대보다 밝게 알 수 있어야 합니다. 어린이와 청소년에게 위험을 숨기고 가까이하지 말라는 지시와 금지로는 다가오는 '다층적 위험의 시대'를 항해할 수 없습니다. 위험에 관한 지혜가 몹시 간절한 시절입니다. '위험'이 부정적인 요소와 과정과 결과만이 있는 것이 아니라는 사고의 전환이 절실합니다. 거칠고 위험하게 노는 것이 어린이 몸과 마음의 건강에 긍정적인 영향을 준다는 것을 앞선 시절을 살았던 성인이 지금보다 더 적극적으로 발언해야 합니다. 어린 시절 다양한 '위험'과 맞닥뜨려 스스로 몸을 돌볼 수 있었던 경험에 관해서 말입니다.

오랜 시간 한국 사회에서 어린이와 청소년의 자발적 '위험한 놀이'의 이로움에 관해 목소리를 내왔습니다. '안전과 보호' 신화에서 벗어나 위험을 대하는 태도의 변화로 물꼬를 트는 일이었습니다. '위험의 일상화'는 팬데믹이 우리에게 남긴 전언입니다. '과잉보호'는 그 자체로 아이의 건강한 성장과 성숙과 발달을 가로막는 명백한 장애물로 이해되는 약간의 진전을 이루었습니다. 과잉보호는 걱정은 많고 실행은 적은 그래서 결국 불안한 아이를 만듭니다. 발달을 억압하는 또 하나의 결정적 요인은 위험을 숨기는 것입니다. 발달이 더 이상 진행되지 못하고 멈춰 버릴 만큼 어린 시절 위험한 놀이의 은폐는 성장을 방해합니다. 위험과의 만남은 발달의 우선 덕목이며 환경입니다. 아이가 오늘 만나 다룰 수 있는 위험을 미래에 부풀려 겪게 할 필요가 없습니다.

어린이와 청소년은 평지와 다르고 울퉁불퉁하고 덜거덕거리고 높낮이가 다른 오르막과 경사로에서 해보고 싶은 여러 몸짓을 할 수 있어야 합니다. 그런 환경이 가까이 있어야 합니다. 놀이터가 갖추어야 할 기본 요소이기도 합니다. 세상의 놀이터는 크게 두 가지 종류가 있습니다. 하나는 어린이의 타고난 놀이 욕구를 자꾸만 제한하는 놀이터입니다. 이런 놀이터에 가면 간섭하고 제지하고 통제하는 성인의 목소리가 크고 어린이는 할 것이 없습니다. 건강하고 지혜로운 성인이라면 지시하거나 통제하지 않고도 아이를 일깨울 수 있어야 합니다. 걱정하는 것을 모르는바 아니지만, 안전에 관한 지나친 집착과 위험과 부상에 관한 극도의 상상력이 어린이의 활동 자체를 억압합니다. 100퍼센트 완벽하게 안전해야 한다는 생각은 과도한 집착이며 도달할 수 없는 허구의 세계입니다. 늘 최악의 상황이 벌어질 것을 상정하고 접근조차 못하게 겁을 주어 공포와 두려움에 떨게 한다면 그것은 '반교육'일 것입니다. 적어도 자유놀이에서는 최악의 상황을 염두에 두고 극도로 안전을 추구하는 것보다는 필요한 만큼 안전과 위험과 보호를 챙기는 쪽을 추구합니다.

어린이의 삶을 이와 같은 최악의 상황을 상정하고 막아서는 일은 지혜롭지 못합니다. 모든 기회와 가능성을 막아 버려 불행합니다. 어린이를 겁박하고 포박하기 위한 수단이라는 의심을 받기에도 충분합니다. 또 하나의 특징은 무엇 무엇은 하지 말라는 경고 문구가 여기저기 길게 써 붙어 있는 경우입니다. 우리 사회가 놀이터를 대하는 태도와 철학이 무엇인지 잘 드러나는 부분입니다. 바로 '안전 신화'입니다.

정말 놀이 속 아이의 안전이 걱정이라면 권해드립니다. 어린이집이나 유치원이나 학교나 공원 놀이터에서 아이가 노는 모습을 관찰하세요. 그들이 하루하루 놀이의 시간을 축적하며 어떻게 점점 더 위험을 다루는 솜씨와 기술과 내면의 힘이 섬세해지고 안전해지는지를 보아주세요. 보면 볼수록 문제는 아이가 아니라는 것을 알 수 있습니다. 놀이를 옹호하는 어린이집이나 유치원 그리고 초등 교사를 비난하는 일이 있어서는 결코 안 됩니다. 그리고 여유가 된다면 나의 어린 시절 놀이와 현재의 나를 천천히 대면해 보는 것도 좋은 일입니다. 놀이는 세상에서 가장 안전한 초기 자산이라는 것을 알게 될지도 모릅니다.

또 다른 하나의 놀이터는 어린이의 놀이 욕구를 충분히 헤아리고 그것을 북돋는 허용적인 놀이터입니다. 제지와 금지의 문구가 적은 것은 물론이고 성인이 어린이 가까이서 "이걸 해라. 그건 안 된다" 하는 소리 또한 듣기 어렵습니다. 2023년 8호까지 만들어진 순천시 기적의놀이터 철학은 '스스로 몸을 돌보며 마음껏 뛰어놀자'입니다. 여기서 열쇠는 어린이 스스로 몸을 돌볼 수 있어야 한다는 점입니다. 그러려면 많은 도전과 실험이 쌓여야 합니다.

현재의 어린이와 청소년은 미래를 살아갈 것입니다. 그들 앞에 놓인 세상을 한마디로 요약하자면 '복잡함과 혼돈이 되먹임되는 세상'입니다. 그래서 위험도 마주하고 실험도 하고 거칠게 몸도 써보고 용기를 내어 도전도 해볼 수 있는 풍성한 놀이 환경이 지금 어린이와 청소년에게 긴요합니다. 놀이 환경은 교육 환경과 같습니다. 정신과 의사인 벤저민 스폭(Benjamin Spock)은 이렇게 말했습니다.

"아이가 놀이를 좋아하는 이유는 놀이가 쉽기 때문이 아니라 힘들기 때문입니다."

힘이 드는 상황으로부터 아이를 벗어나게 해주는 것이

다 좋은 것일까요? 도전하지 않거나 힘든 것을 피하려는 아이가 늘어나는 것은 거꾸로 도전하거나 힘든 일을 했을 때 만났던 즐거운 경험이 적거나 없었기 때문입니다. 그럼에도 계속 도전하는 까닭은 무엇일까요? 하다 보면 조금씩 되기 때문입니다. 이 과정을 아이가 몸소 겪는 것이 참으로 중요합니다. 위대한 탐구가는 그렇게 탄생합니다. 만약 도전할 것도 스스로 해결할 것도 없는 환경에서 자란다면 아이의 대처 능력은 형편없이 무력할 것입니다.

진짜 심각한 위험은 따로 존재합니다. 위험을 아이로부터 감추는 일입니다. 안전의 최종 판단자는 아이여야 하는데 타인이 그 역할을 낚아채는 일입니다. 아이는 알아야 합니다. 안전을 책임지는 사람은 자신이라는 것을 말입니다. 자신의 안전을 지키는 아이가 친구의 안전을 해칠 일은 적거나 없습니다. 자신의 안전을 독립해 지킬 수 없는 아이는 친구의 안전도 헤아리기 어렵지 않을까요?

위험한 놀이의 이로움을 숨기지 않아야 할 텐데, 보이는 대로 은폐하는 것이 감당할 수 없는 위험을 만듭니다. 아이가 스스로 몸을 돌볼 수 있어야 한다는 사회 구성원의 사려 깊은 합의가 필요합니다. 안전과 위험, 보호와 도전 사이에서 균형을 잡을 수 있어야지요. 거칠고 위험하게 노는 어린이와 함께해 주세요. 때로 안전이 해롭고 위험이 이로울 수 있다는 역설을 떠올려 주세요. 그 과정에서 이리저리 궁리하며 안전을 추구하고 위험을 다룰 줄 알고 위험과 안전의 경계를 구분하는, 위험 앞에 미더운 어린이를 만나게 될 겁니다.

여기에 여러 연령대 아이가 어울려 논다면 그보다 좋은 놀이 환경을 찾기는 어렵겠지요. 특정 연령대 아이들만 관계를 맺을 수 있는 환경은 여러모로 강팍한 상황을 만들기 쉽습니다. 또래끼리 모일 때 생기는 '경쟁'은 실제로 상당한 갈등을 만듭니다. 우리가 사는 실제 세상과도 동떨어진 구성이라 미덥지 못합니다. 교실을 벗어난 어디에서도 그런 단일한 연령대가 집단으로 모여 긴 시간을 보내는 곳은 없기 때문입니다.

보노보는 거친 침팬지와 다른 점이 여럿 알려져 있습니다. 특히 암컷 보노보는 수컷 보노보보다 키도 몸집도 작지만, 수컷에 뒤지지 않는 권위를 가집니다. 암컷끼리 서로 돕고 힘을 모으고 결정적으로 자주 잘 놀기 때문입니다. 한걸음 훌쩍 나아가 남녀 아이가 함께 섞여 어울려 놀 수 있다면 더 좋겠지요. 아이는 함께 노는 다른 아이로부터 무한한 발견과 성장과 도약의 영감을 받습니다. 몸이나 마음이 불편하거나 어려움이 있는 친구들과 함께라면 더 큰 행운임은 말할 것도 없습니다.

위험하게 놀고 싶어 하는 아이를 이해할 수 있어야 합니다. 삶의 중요한 기술을 익히려는 그들의 몸부림을 말이지요. 당연하게도 거칠고 위험한 놀이는 지금과 앞으로 세상을 살아가는 데 꽤 많은 유익함을 줍니다. 용기와 대담함이라는 중요한 덕목을 자연스럽게 만나고 습득합니다. 용기 없이 세상을 살아가기란 어렵습니다.

그래도 걱정이 사라지지 않는다면 희소식을 하나 전합니다. 아이는 위험 앞에 성인의 우려처럼 나약하지도 무모하지도 않습니다. 위험 앞에서 앞가림할 줄 압니다. 아이에게 하는 성인의 무가치한 말 가운데 하나가 아이를 따라다니며 늘어놓는 조심하라는 잔소리입니다. 아이도 조심하고 있습니다. 아이도 위험을 보고 느끼고 판단합니다. 덧붙여 안 좋은 소식 하나는 아이가 위험(Risk)에 노출되지 않으면 거꾸로 불안과 두려움과 우울에 취약해진다는 사실입니다. 여러 다양한 연령대와 섞이고 변화하는 상황이 가득한 자유놀이 속에서 위험을 알아차리고 피하고 통제할 수 있는 능력을 얻습니다. 반면에 지나친 보호가 여러 가지 정신적·육체적 나약함을 만들고 타율에 길들게 합니다.

아이가 두려움을 벗어나는 과정은 크게 두 가지 경우입니다. 상상놀이를 하며 두려운 대상과 마주할 때와 위험한 놀이를 할 때입니다. 아이가 받는 일상의 스트레

스와 긴장을 완화하는 데 위험한 놀이는 유익한 처방입니다. 캐나다 소아과에서는 몸과 마음에 어려움이 있는 아이에게 위험한 놀이가 포함된 자유놀이를 실제 처방합니다. 눈여겨보아야 할 대목이며 우리 사회에도 적극적인 검토가 뒤따라야 한다고 생각합니다. 어렵고 두려운 상황에서도 안정적인 심장박동을 조절할 수 있어 일상 속 위험한 놀이는 꼭 필요합니다. 당연히 면역 체계도 튼튼해집니다. 그래도 걱정이 사라지지 않는다면, 아이의 위험한 놀이를 두려워하는 우리의 두려움은 어디서 온 것인지 거슬러 천천히 물어야겠습니다. 우리는 아이의 위험한 놀이 속에서도 안전한 놀이 환경을 가꿀 수 있다는 자신감과 신뢰를 잃지 않아야 합니다.

더러 위험만을 지나치게 변론하고 안전을 가볍게 보고 있지 않냐는 반론과 마주할 때가 있습니다. 저는 그럴 때면 다시 원점으로 돌아가 안전이 없으면 위험도 없다고 말합니다. 안전은 위험의 전제입니다. 스스로 안전하지 않다고 느끼는 곳이나 상황에서 아이는 무모하게 위험에 도전하지 않습니다. 안전해야 도전합니다. 안전해야 신뢰합니다. 안전해야 성장합니다. 안전과 위험은 대립하지 않습니다. 안전과 위험은 둘이 아닙니다. 어린이는 안전도 위험도 모두 필요합니다. 어린이의 두 날개입니다.

저는 안전을 한없이 걱정하는 견해와 위험을 열렬히 긍정하는 태도 사이에 다리를 놓아 서로가 단절되지 않도록 하는 일을 오랜 시간 해왔습니다. 위험에 관해 걱정하는 것은 결코 나쁜 일이 아닙니다. 상처나 부상을 입은 아이와 양육자의 고통은 절대 가볍지 않습니다. 더불어 그러한 걱정 때문에 모든 것이 주저되어 시도하지 못하는 환경 또한 이롭지 않습니다. 우리는 이 둘을 넘어서는 제3의 서식지에 도착해야 합니다. 그곳에서 아이는 성장할 수 있기 때문입니다.

경계에서 놀다

　유치원이나 어린이집 교실에는 영역이 있습니다. 유익한 점이 있습니다. 모든 것이 뒤섞여 있다면 유아도 혼란이 있을 수 있고 나중에 정리하는 데도 어려움이 있을 수 있을 테지요. 저도 자유놀이터에서 아이와 만나 보면 흐릿한 경계가 자연스럽게 생기기도 합니다. 2019년 개정 누리과정은 현장에 큰 변화를 만들었습니다. 놀이 중심, 놀이 가치의 새로운 이해, 놀이의 시간과 공간의 확보를 통한 질적 이행의 계기가 되었습니다. 교사 주도의 계획보다는 유아 놀이의 관찰에 중심을 두어 뜻깊은 진일보를 이루었습니다.

　자유 선택 활동 또한 쌓기놀이 영역, 역할놀이 영역, 언어 영역, 미술 영역, 수 조작 영역, 대소집단 활동 영역, 과학 영역, 음악 영역으로 세분화하지만, 이러한 구분이 유아의 주도적 놀이로 진행되는 데 한계가 있음을 인식하고 유아가 흥미를 많이 가지는 영역에서 좀 더 다양하고 자유롭게 선택하고 머물 수 있도록 허용의 폭을 넓히며 자리 잡아가고 있습니다. 나아가 유아가 특별히 관심을 가지고 좋아하는 것들에 주목하여 좀 더 풍성하게 영역이 확장되어 가는 분위기입니다. 커다란 비극은 이마저도 초등교실에서 모두 사라져 버린다는 점일 것입니다.

문제는 이런 영역 구분을 아이가 어떻게 자유롭게 넘나들 수 있느냐입니다. 특히 유아들과 만날 때 섬세하게 살펴야 할 부분입니다. 자유놀이터로 유아를 초대하면 처음에는 잠시 어리둥절합니다. 모래를 만지다가 그림을 그려도 되는지? 그림을 그리다가 타이어를 굴려도 되는지? 타이어를 굴리다가 만들기를 해도 되는지? 만들기를 하다가 피아노를 쳐도 되는지? 이런 것을 눈으로 얼굴로 말로 묻습니다. 평소 영역별 이동이 자유롭지 않다는 것을 웅변합니다. 변화가 있지만 아직 여러 유아 교육 현장이 영역에 묶여 있다는 전언입니다.

2019년 개정 누리과정이 현장에 온전히 전달되고 실현되는 데까지는 더 많은 시간과 공부와 이해와 지원이 필요합니다. 초등 아이에게 오히려 이런 자유롭게 헤엄칠 수 있는 다양한 영역의 바다가 필요한데, 생각할수록 안타깝고 마음이 무겁습니다. 아이가 어려움을 겪고 문제를 일으킬 수밖에 없는 교실 환경이기 때문입니다. 할 수 있는 것이 교실에 있어야 하는데 지금은 너무 소략

합니다. 존 듀이의 혜안이 몹시 그리워 다시 적어 봅니다.

"학습할 것이 아니라 무언가 할 수 있는 것을 어린이에게 주어야 합니다."

할 수 있는 것이 가득한 자유놀이터에서는 이런 이동이 흔하게 일어납니다. 만들기를 하다가 만들던 것에 무언가 칠하고 싶은 생각이 떠올라 그것을 들고 그림 영역으로 이동하는 경우입니다. 이런 상황을 성인은 때로 불편해 할 수 있습니다.

다른 예로 설명하면, 유아가 모래를 손에 집어 들고 이동하여 작은 북 위에 쏟으며 거기서 나는 소리를 듣고 싶어 하는 상황이 있을 수 있습니다. 이럴 때 아이 가까이 있는 성인은 곤란한 표정을 짓거나 아이를 제지하곤 합니다. 물론 기관의 인적·물적 여건이나 환경의 어려움이 있어서입니다. 그러다 보니 유아가 한두 가지 특징이나 소재나 주제에 충실한 영역에 묶이게 되는 부자유함에 노출됩니다. 크게 걱정할 만한 영역 구분은 실내와 실외를 단절시키는 것입니다. 실내에서 놀다가 실외로 나갈 수 없는 경우가 대부분입니다. 교실 간 이동 또한 불가합니다.

작은 영역과 큰 영역을 넘나들고 때로는 아이가 영역 밖으로 나갈 수 있는 놀이 환경이 필요합니다. "저기 가서 놀아도 돼요?" 하고 묻던 아이의 말과 눈빛이 아른거립니다. "되지요. 좋아요." 아이에게 이런 대답을 쉽게 할 수 있는 놀이 환경이 마련되어야 하는데 현장이 어렵습니다. 교사 잘못이 아닙니다. 공간 구성과 설계가 잘못되어서인 경우가 대부분입니다. 아이를 알고 놀이를 알고 놀이 환경을 공부한 설계자가 했다면 이런 모순된 환경은 만들어지지 않았을 것입니다. 물론 행정도 함께 했어야 가능한 일이었겠지요. 아이와 교사가 함께 지내는 현재의 놀이 환경이 그렇게 하기에는 지나치게 단절화 또는 구조화되어 있습니다.

항상성이 유지되어야 하는 놀이 시간이 자주 분절되는 흐름도 문제입니다. 유아의 경우 방과 후 활동 개수는 여럿이고 교사는 소수인 데다 유치원은 하원 시간마저 일정하지 않아 유아끼리 충분히 자유놀이로 소통해야 할 오후 시간이 매우 불안정해지는 상황이 큰 걸림돌입니다. 경계와 구분이 적어야 하는데 날이 갈수록 경계와 구분이 늘어나고 있어 유아의 놀이 환경이 오염되거나 흐트러지고 있습니다.

공부하기 좋은 공간은 놀기에도 좋은 공간입니다. 이 둘은 서로 대립하지 않습니다. 좋은 환경은 좋은 생각과 건강한 몸짓을 만드니까요. 이 모든 것을 지금 당장 바꾸기 어려우니 자유놀이부터 시작했으면 합니다. 엄격한 경계를 만들어 구분 지으려는 곳에서 아이는 피어나기가 쉽지 않습니다. 작은 것부터 용기를 내어 경계를 천천히 넘어봅시다. 또 하나의 큰 오해가 앞을 가로막고 있습니다. 아이가 영역을 넘나들면 교사가 힘들어진다는 생각입니다. 실제로 가보지 않고 소문이나 짐작으로 하는 판단 때문에 아이가 자유롭게 놀이 영역을 넘나들면서 점점 더 안정되고 소통이 잘되고 명랑해져 오히려 아이와 지내는 교사가 수월해지는 길이 막히지 않았으면 합니다.

이렇게 유아가 영역과 경계를 넘나들 때 교사는 훨씬 여유로워질 수 있습니다. 유아가 더 편안해지고 더 자유로워지고 더 즐거워져 유아와 지내는 것이 즐거워지는 세계에 도달할 수 있는데 처음부터 마음을 접어버리고 시도하지 않는 경우가 많아 안타깝습니다. 양육자의 적극적인 이해와 지지도 뒤따라야 합니다. 놀이는 주제와 제한보다는 활동과 자유에 그 귀한 가치가 있습니다. 놀이는 아이와 양육자와 교사 모두에게 기쁨을 주고 성장을 안기려고 늘 우리 주위를 서성입니다. 우리는 서성이는 놀이와 손을 잡아야 합니다. 그래야 우리도 아이도 살 길을 찾을 수 있습니다.

느긋하게 놀다

 가장 건강한 최종적 놀이 환경은 역설적으로 '한가하고 느긋한 시간'입니다. 아무리 놀이 환경이 매력적이라 하더라도 아이가 느긋하고 한가하게 쓸 시간이 없다면 아무것도 아닙니다. 이제 이야기를 한 차례 마무리 지어야 할 때가 온 것 같습니다.

 논다는 것은, 아이가 산다는 것은 '느긋하고 한가하게' 어린 시절을 보내는 것입니다. 시작도 과정도 목표도 같습니다. 어린 시절에 관한 여러 관점과 주장과 선전과 판매와 강요와 속임이 난무하는 시절입니다. 아이 가까이 있는 양육자와 교사 또한 이런 혼탁함 속에서 어찌해야 할지 몰라 길을 잃는 경우도 더러 생깁니다. 때로는 그런 길 따위는 없다고 낙담하고 자포자기도 합니다. 맞습니다. 어렵습니다. 그리고 길이 하나일 리 없습니다. 그러나 우리는 갈피를 잡아야 합니다.

 우리 또한 모두 아이였던 적이 있습니다. 좋았던 것도 있었고 걱정도 있었고 두려웠던 일도 있었습니다. 당신은 어떻게 그 시절을 지나왔나요? 가까이 있었던 성인은 또 어땠나요? 양육자와 교사께 말씀드리고 싶습니다. 어린이가 성장하는 데 가장 필요하고 가장 중요한 첫 번째 환경은 바로 우리라는 것을!

우리 사회는 점점 아이가 아이로 살 수 없는 쪽으로 빠르게 직진하고 있습니다. 여기서 이야기하려는 핵심은 '빠르게'입니다. 이 빠름이, 이 서두름이, 이 조급함이 아이의 건강한 성장에 최대의 독이 되고 있음을 양육자와 교사에게 알리고 싶어 이 책을 씁니다.

좋은 놀이터도 좋은 놀이기구도 필요 없습니다. 값비싼 놀잇감 또한 필요 없습니다. 바쁨과 서두름과 조급함에 포위되어 있는데 그게 다 무슨 소용이란 말인가요? 아이는 원합니다. 한가한 시간을! 편안한 교사를! 부디 아이를 바쁨으로 포위하지 말고 우리부터 바쁨을 벗읍시다. 우리를 바쁘게 만들어 도무지 아이를 볼 수 없게 하는 것들을 하나씩 솎아내고 벗어납시다.

아이는 갈망합니다. 아이는 소리칩니다. 성인의 바쁨에 서두름에 재촉에 닦달에 숨이 막힌답니다. 그 정도 합시다. 그러기 위해서는 어린이집이나 유치원, 초등학교 같은 기관과 그곳의 책임자가 교사가 아이를 여유로움 속에서 볼 수 있도록 지원하는 본연의 일에 충실해야 합니다. 인생에서 한가하고 느긋하게 지낼 수 있는 유일한 어린 시절마저 빼먹어 버리는 촘촘한 기획과 계획과 프로그램에 동조를 멈추었으면 합니다. 자유로운 인간으로 지낼 수 있는 유일한 시간마저 타율적 부자유함에 사로잡힌다면 어린 시절이 너무 처연합니다. 아이는 성인의 눈에서 벗어나 조용히 숨을 곳이 필요합니다. 아이는 성인으로부터 때로 발견되지 않을 권리가 있습니다. 숨어서 성인의 모습을 거꾸로 관찰할 수 있는 은밀한 시간과 사적인 공간도 있어야 합니다.

인내할 줄 알고 참신한 생각을 할 줄 아는 용기 있는 아이는 어린 시절을 자기가 감당할 수 있는 속도로 살아온 아이입니다. 이것이 아이가 아이로 사는 방식입니다. 자신이 하고 싶은 방식으로 배울 때 아이는 가장 잘 배웁니다. 더는 아이와 놀이와 놀이 환경 이야기가 과제와 효능과 성취와 프로그램과 기구와 공간과 장소의 문제로 뒤바뀌어 논의되지 않기를 바랍니다. 아이에게 최선의 환경은 언제나 바쁘지 않은 환경이니까요. 편안하고 안정된 교사이니까요.

느긋하고 한가로운 시간을 보낼 수 있다면, 그것이 아이이고 그것이 놀이이고 그곳이 놀이터입니다. 아이와 놀이와 놀이터는 따로 멀리 있지 않습니다. 한가한 시간이 자기만의 시간이고 배우는 시간입니다. 특별한 무언가가 필요한 것이 아닙니다. 아이는 언제 어디서나 무엇을 가지고도 어떻게든 논다는 것을 기억해 주세요.

느긋하고 한가로운 어린 시절을 지지하며 아이가 아이로 살 수 없는 장애물을 구체적으로 지목하고 논쟁하고 설득하고 설명하며 여기까지 왔습니다. 한가한 시간은 아이와 양육자와 교사에게 차분함과 따뜻함과 편안함을 줄 것입니다. 이것이 육아와 양육과 교육의 서식지입니다. 일상적인 제지와 간섭과 금지에서 벗어나 자유가 있는 바깥으로 나가 허용적인 놀이 환경에서 위험을 감수하며 성장할 수 있는 탈주와 이행을 양육자와 교사께 권하며 다음 장에서 최선의 놀이 환경 만들기 이야기를 마저 해보겠습니다.

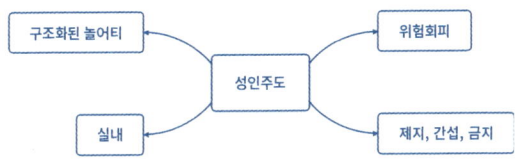

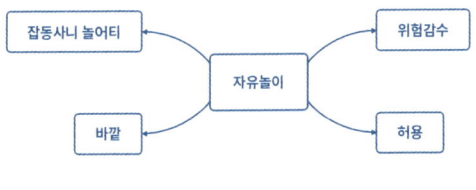

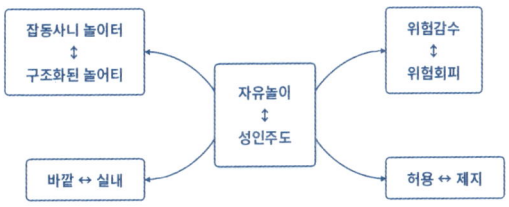

3

최선의 어린이 놀이 환경 어떻게 만들까

○△□☆♡

"학습할 것이 아니라
무언가 할 수 있는 것을
어린이에게 주어야 합니다."

존 듀이

돌아와

 아이와 놀이로 만났던 20년 전 어느 오후를 떠올립니다. 가까이 널린 종이상자와 나무 널빤지 그리고 막대기 몇 개가 전부였습니다. 그리고 저와 놀이와 놀이터에 긴 세월이 흘렀습니다. 많은 일이 있었습니다. 그리고 지금 다시 20년 전의 놀이와 놀이터로 돌아와 포장용 종이상자, 폐타이어, 긴 현수막을 감쌌던 버려진 종이 기둥 등을 얻고 주워 아이와 놀고 있습니다. 이렇게 긴 세월 돌고 돌아 놀이와 놀이터의 고향에 다시 돌아올 수 있어 다행이고 행운이라 생각합니다. 동시에 어린이와 놀이와 놀이 환경에서 어렵고 아픈 징후를 목격하고 있습니다.

 첫 번째는 해가 바뀔수록 공공놀이터에서 아이 보기가 점점 어려워지며, 그나마 보이는 아이의 연령대 또한 점점 낮아지고 있다는 것입니다.

 두 번째는 상업적 놀이 이벤트와 유료 놀이터는 예약하지 않으면 체험이 어려울 정도로 붐빈다는 것입니다. 오래된 정체는 해소되지 않고 새로운 것은 아직 또렷이 보이지 않는 '이행의 시기'입니다. 놀이란 것이 예약하고 몇만 원 내고 입장하는 특별한 체험이 되었다면 이제 돌아설 때가 되었음을 예감합니다. 특별한 경험을 하는 것이 놀이가 아니기 때문입니다. 이곳에서의 놀이는 '가짜 놀이'라기보다는 엄밀히 말해 '유사 놀이'로 보입니다.

세 번째는 갈수록 더욱 촘촘하고 빈틈없이 아이의 일상이 성인으로부터 모조리 관리되고 감시되고 재촉되고 있다는 점입니다. 자연스러운 놀이의 시간을 저당잡힌 아이의 삶은 빠른 속도로 무너집니다.

아이의 잘못에 대한 처벌로 놀이 시간을 박탈하는 일은 없어야 합니다. 아이는 더 놀아야 평정심을 찾을 수 있는데, 놀이 시간 박탈은 내적 압력을 더욱 높이는 처방이라 주의가 필요합니다. 놀이라는 것이 말 잘 듣는 아이에게 주는 선물처럼 시혜의 도구로 전락하는 모습은 마음을 무겁게 합니다. 아이를 속이는 낡은 놀이 담론의 봉인을 풀고 급진적인 논의가 필요친 때입니다.

저의 오랜 생각의 거처였던 사이먼 니컬슨(Simon Nicholson)이 말한 배움과 놀이가 함께 나란히 어울렸던 그런 공간은 종적을 감추거나 치워지거나 묻혔고, 이제는 껍데기와 그 껍데기마저 삭아 먼지만 흩날리는 가벼운 눈속임 체험과 프로그램과 유료 놀이 이벤트가 즐비합니다. 거부하고 전복하며 새로운 길을 찾아 나설 차례입니다.

"어린이는 스스로 실험하고 즐기고 알아낼 수 있는 실험실 같은 환경에서 가장 쉽게 배웁니다."
— 사이먼 니컬슨

어린이를 속이지 않는

2004년 어느 날, 어린이와 놀이와 놀이 환경을 공부하고 있던 도중 오래된 문건 하나와 맞닥뜨렸습니다. 지금으로부터 거의 50년 전에 쓴 길지 않은 에세이입니다. 쓴 이는 사이먼 니컬슨이라는 건축가이자 조각가입니다. 이 낡고 희미한 복사본이 제게 그 이후 그렇게 큰 영향을 줄 것이라고 미처 생각하지 못했습니다.

'어린이를 속이지 않는(How NOT to Cheat Children)'이라는 에세이의 제목부터 가슴과 머리를 동시에 타격했습니다. 단어 하나씩 문장 하나씩 천천히 읽어 내려갔습니다. 부제 「The Theory of Loose Parts」에서 'Loose Parts'라는 낯선 낱말이 눈에 띄었습니다.

Creativity is for the gifted few: the rest of us are compelled to live in environments constructed by the gifted few, listen to the gifted few's music, use gifted few's inventions and art, and read the poems, fantasies and plays by the gifted few.

This is what our education and culture conditions us to believe, and this is a culturally induced and perpetuated lie.

Building upon this lie, the dominant cultural elite tell us that the planning, design and building of *any part* of the environment is so difficult and so special that only the gifted few—those with degrees and certificates in planning, engineering, architecture, art, education, behavioral psychology, and so on—can properly solve environmental problems.

How NOT to Cheat Children
The Theory of Loose Parts

By Simon Nicholson

The result is that the vast majority of people are not allowed (and worse—feel that they are incompetent) to experiment with the components of building and construction, whether in environmental studies, the abstract arts, literature or science: the creativity—the playing around with the components and variables of the world in order to make experiments and discover new things and form new concepts—has been explicitly stated as the domain of the creative few, and the rest of the community has been deprived of a crucial part of their lives and life-style. This is particularly true of young children who find the world incredibly restricted—a world where they cannot play with building and making things, or play with fluids, water, fire or living objects, and all the things that satisfy one's curiosity and give us the pleasure that results from discovery and invention: experiments with alternatives, such as People's Park, Berkeley, have been crushed or quashed by public authorities.

The simple facts are these:

1. There is no evidence, except in special cases of mental disability, that some young babies are born creative and inventive, and others not.

2. There *is* evidence that all children love to interact with variables, such as materials and shapes; smells and other physical phenomena, such as electricity, magnetism and gravity; media such as gases and fluids; sounds, music, and motion; chemical interactions, cooking and fire; and other people, and animals, plants, words, concepts and ideas. With all these things all children love to play, experiment, discover and invent and have fun.

All these things have one thing in common, which is variables or 'loose parts'. The theory of loose parts says, quite simply, the following:

In any environment, both the degree of inventiveness and creativity, and the possibility of discovery, are directly proportional to the number and kind of variables in it.[1]

It does not require much imagination to realize that most environments that do not work (i.e.: do not work in terms of human interaction and involvement in the sense described) such as schools, playgrounds, hospitals, day-care centers, international airports, art galleries and museums, do not do so because they do not meet the "loose parts" requirement; instead, they are clean, static and impossible to play around with. What has happened is that adults in the form of professional artists, architects, landscape architects, and planners have had all the fun playing with their own materials, concepts and planning-alternatives, and then builders have had all the fun building the environments out of real materials; and thus has all the fun and creativity been stolen: children and adults and the community have been grossly cheated and the educational-cultural system makes sure that they hold the belief that this is right. How many schools have there been with a chain-link and black-top playground where there has been a spontaneous revolution by students to dig it up and produce a human environment instead of a prison?

If we look for a moment at this theory of loose parts, we find that some interesting work supports it and in particular, that there has been a considerable amount of outstanding recent research by people not in the traditional fields of art, architecture and planning. Much of this research fits into the following five categories:

Design by Community Interaction and Involvement

Ten years ago a special issue of the magazine *Anarchy*[2] was published in which nearly all the fundamental

이 글은 평소 가졌던 어린이의 자율과 창조와 유능함 그리고 기존 놀이와 놀이터에 관한 의문과 의혹에 관해 머뭇거리지 않고 정면으로 이야기합니다. 첫 문장은 이렇게 시작합니다.

"창의력은 재능 있는 소수를 위한 것입니다. 나머지 사람은 재능 있는 소수가 만든 환경에서 살고, 재능 있는 소수의 음악을 듣고, 재능 있는 소수의 발명품과 예술을 사용하고, 재능 있는 소수의 시, 판타지, 희곡을 읽도록 강요받습니다. 이것이 우리의 교육과 문화가 우리를 믿게 만드는 방식이며, 이는 문화적으로 일부러 유도되고 끊임없이 반복되는 거짓말입니다."

요약하자면 이렇습니다.

하나, 창의적인 사람은 따로 있다.
둘, 창의적인 능력이 없는 사람은 창의적인 사람이 만든 것을 두말 말고 써야 한다.
셋, 이는 거짓말이다.

어린이를 주어로 바꿔 새롭게 정리하자면, 창의라는 것은 재능 있는 몇몇 아이의 특징이 아니라 어떤 아이라도 그에 알맞은 환경과 기회가 닿으면 호기심이 샘솟아 상상으로 이어지고 그것은 창의로 꽃을 피운다는 뜻입니다. 제가 만나 본 아이는 유능했습니다. 다만 그 유능함을 펼칠 수 없거나 숨겨야 하거나 스스로 인지할 수 없게 강제하는 상황만이 있었습니다. 창의적인 아이나 사람이 따로 존재한다는 생각은 세상의 차별과 분리를 만들어내는 가장 오래된 거짓 선동입니다. 그래서 창의적인 사람이 따로 있다는 주장과 생각은 창조를 억누르는 무거운 고인돌이 됩니다. 저의 스승인 귄터 벨치히 선생님도 "좋은 디자인을 하기에 부족한 사람은 없다"라는 말씀을 자주 하셨습니다.

마음속 깊은 곳에 묻어 두었던 이야기 하나를 꺼냅니다. 아이가 지금 고통스러운 까닭을 하나하나 살펴 들어가면 도무지 창조할 수 없었기 때문이라는 뜻밖의 결론에 다다른다는 점입니다. 창조할 수 없는 환경이 아이를 짓누릅니다. 이것은 어린 시절의 커다란 비극입니다. 전쟁이 왜 아이에게 참혹한 것일까요? 창조할 수 없고 상상할 수 없기 때문입니다.

저는 K-POP과 K-GAME과 한국의 엔터테인먼트 산업이 어린이와 청소년의 창의성과 호기심을 앞장서 탈취하거나 대체하거나 주저앉히고 있는 지점에 주목합니다. 다수의 어린이와 청소년이 놀고 노랫말을 만들고 노래하고 춤출 수 있는데 특정 성인이 작사와 작곡과 안무와 스토리를 주도한 채 몇몇 아이돌이 그들의 연출과 취향과 욕망에 충직하게 춤추고 노래하며 놉니다. 창조할 수 있지만 도무지 창조할 수 없게 만드는 굴레에 포박된 어린이와 청소년이 창조된 것처럼 보이는 K-POP과 K-GAME과 한국의 엔터 산업을 떠받칩니다. 물론 한국의 어린이와 청소년은 K-POP에 위로를 받고 있습니다. 그러나 또한 영악하고 노회한 포스트 상업주의의 에너지가 되고 있음도 보아야 합니다. 이것이 K-POP과 K-GAME과 한국의 엔터 산업의 서사이고 왜곡입니다.

나아가 K-POP의 행위 당사자인 청소년과 양육자가 학교나 학원보다 간섭과 제지와 감시와 금지의 정도가 가혹한 관리 상태에 놓이기를 자임하고 의탁하는 것은 처연한 비극이자 부조리입니다. 이런 방식이 성장하는 다수의 어린이와 청소년에게 어떤 영향을 주는지 헤아리길 바라는 것은 현재로선 기댐 없는 일입니다. 제가 우려하는 것은 기준이 사라졌다는 것에 있지 않고 이제는 누구도 그런 최소한의 기준선을 회복하려 들지 않는다는 데 있습니다. 안타깝게도 혼돈을 추스를 자기 회복력이 우리 사회 내부에서 확인되지 않습니다.

창의는 특별히 선택된 사람만 가능한 것이라고 주장하는 개인과 집단에 맥없이 도둑을 맞습니다. 도둑맞은 까닭은 사이먼 니컬슨이 말한 것처럼 거짓말로 속이고 속기 때문이지요. 사이먼 니컬슨의 주장에 동의하며 그의 사상이 성장하는 어린이와 청소년 누구에게나 적용되고 발현되고 참고되기를 바랍니다. 심지어 지금은 아예 '창조계급'이 따로 있다는 극단의 주장이 아무렇지 않게 설파되는 세상입니다. 여기에 민주주의를 무너뜨리는 큰 함정과 속임이 꿈틀거립니다. 더욱 안타까운 것은 그들에게 창조를 맡기고 한낱 소비자로 자신을 규정하는 일입니다.

독립된 삶이란 높은 곳에서 내려보낸 질서를 따르는 것이 아니라 낮은 곳에서 서로 합의한 것을 협력으로 가꿈으로써 가능합니다. 아이의 놀이에서 흔하게 보는 모습입니다. 어린이와 긴 시간 지내며 본 것을 말하자면, 그들은 누구나 참신함을 품고 있는 호기심 가득한 존재라는 것입니다. 참신한 출발은 언제나 호기심에서 싹이 틉니다. 호기심이 아이에게 그토록 중요한 까닭을 윌리엄 아서 워드(W. A. Ward)는 어둠을 밝히는 촛불 속 심지로 적절히 묘사한 바 있습니다. 사이먼 니컬슨과 비슷한 시기 레지오 에밀리아(Reggio Emilia)를 만든 로리스 말라구치(Loris Malaguzzi)는 이렇게 말했습니다.

"우리가 아이들에게 제공하는 가능성의 범위가 넓어

질수록 아이들의 동기는 더욱 강렬해지고 경험은 더욱 풍부해집니다."

이것은 다시 사이먼 니컬슨의 저 유명한 명제와 쌍벽을 이룹니다.

"어떤 환경에서든 창의성과 독창성의 정도, 발견의 가능성은 그 안에 있는 변수의 수와 종류에 정비례합니다."

이제 비로소 폐기물 처리 직전에 만나 되살아난 놀이의 샘, '루스파트(loose parts)' 이야기를 시작합니다. 루스파트라는 낱말을 사이먼 니컬슨이 처음으로 만들었다고 하기는 어려울 것 같습니다. 사이먼 니컬슨의 눈부신 혜안은 루스파트를 새로운 시각으로 조망하고 그 놀이 가치와 의미를 구체적인 삶의 맥락에서 정연하게 정리한 데 있습니다. 더 정확히 말하자면 앞서 어린이와 창의와 놀이와 놀이 환경을 둘러싼 인류의 긴 여정에서 루스파트가 무엇인지 주목하고, 그 속에서 시간이 지나도 변색하지 않는 놀이의 본질을 그가 캐냈다는 데 있습니다.

사이먼 니컬슨의 남다른 시각은 지금까지도 어린이와

놀이와 놀이기구와 놀이 환경에 본질적 성찰과 충격을 주고 있습니다. 관련된 숱한 단행본과 논문이 증명합니다. 이 책을 쓰며 저 또한 도움을 받았습니다. 그렇다면 문제는 두 가지로 좁혀집니다. 왜 사이먼 니컬슨은 인류의 창의를 둘러싼 일련의 사고를 'Lie'로 단호하게 명명했느냐는 것입니다. 그리고 또 하나는 루스파트라는 것이 무엇이냐는 것입니다.

영어 그대로 풀자면 'Loose Parts'는 느슨한 조각이나 부품 정도가 될 것 같습니다. 자갈이나 천 조각 또는 나뭇가지를 떠올리면 좋습니다. 이걸로 무슨 놀이를 할 수 있냐고요? 여기에 위대함이 있습니다. 낱개로 떨어져 있을 때는 사물 하나로만 보이지만 이러한 것을 잇고 옮기고 나르고 쌓고 결합하고 들어 올리고 덮고 겹치고 분해하고 재배치하고 다시 조립하면서 이루 말할 수 없는 놀이의 다양한 국면을 펼칠 수 있기 때문입니다.

만드는 것에 머무는 것이 아니라 만들면서 이야기도 나누고 역할도 새롭게 자임하면서 어디로 흘러갈지 모르는, 때로는 차분하고 때로는 흥미진진한 광활한 놀이의 바다에 발을 담그게 됩니다. 그 한복판에서 일어나는 역할 놀이는 건강한 성장의 큰 계기를 만들기 때문에 중요합니다. 돌보고 책임지고 계획하는 것이 어떤 느낌인지 역할 놀이 속에서 실험해 보고, 그 속에서 자기

능력 또한 어느 정도인지 가늠하다 보면 어느새 자신감도 늘어갑니다. 이윽고 무궁무진한 놀이의 바다에 풍덩 뛰어들게 됩니다. 가장 적은 비용으로 지금 여기에, 자력으로 최선의 어린이 놀이 환경을 만드는 여행을 함께 떠나봅시다.

버려진 것을 하나씩 모아

나는 왜 루스파트를 '잡동사니'로 고쳐 쓸까?

'루스파트'라는 용어가 입에 붙지 않아 몇 해 고생했습니다. 루스파트를 무엇으로 다시 명명할 것인가를 고민하는 데 긴 시간을 보냈습니다. 꼭 우리말로 바꿔 써야 한다는 당위는 없지만 중요한 용어라 우리 현장과 정서에 맞는 말을 고민하고 찾는 데 꽤 많은 시간을 보내는 과정은 필요했습니다.

더 솔직히 말하자면, 어떤 말을 쓸 것인지 결정하지 못하니 글도 사고도 진척이 되지 않았습니다. 그렇게 여러 해 긴 모색과 임상을 통해 마침내 도착한 용어가 '잡동사니'입니다. '루스파트'를 '잡동사니'로 바꿔 쓰면서 사고도 훨씬 가벼워지면서 글쓰기의 물꼬가 트였습니다. 나아가 잡동사니 놀이터가 한층 활기차졌습니다. 이제 소박하게 정의를 해보겠습니다.

"구조화되지 않은 환경에서 어린이가 놀이를 주도하며 여러 개방적 소재와 조작할 수 있는 대상, 상호작용할 수 있는 딱 맞지 않는 크고 작은 것을 일컬어 '잡동사니'라 합니다."

어렴풋한 그 무엇을 무엇이라 부를 것인가는 생각보다 긴요한 문제입니다. '헐렁한 부품' 또는 '헐거운 것' 또는 '딱 맞지 않는' 그래서 다른 이질적인 물건들과 언제든 상호 결합하고 쉽게 분리할 수 있는 것을 통틀어 '잡동사니'로 명명하고 사용하니 '루스파트'와 호환에 어려움이 없어졌습니다.

헐렁하고 헐겁고 딱 맞지 않을 때 우리는 '논다'라는 말을 씁니다. '놀이'와 '논다' 그리고 '루스파트'와 '잡동사니'가 이렇게 하나로 만납니다. '딱 맞지 않는', 이것이 그토록 긴요합니다. 딱 맞지 않기 때문에 동기와 결합과 확산이 이루어집니다. 딱 맞지 않기 때문에 궁리하고 손과 몸을 움직이고 친구와 의논하고 협력합니다. 잡동사니 자유놀이터의 눈부신 대목이 '딱 맞지 않는' 데에서 생성된다고 할 수 있습니다. 그것은 무한한 가능성이며 창의의 실마리가 되어 아이를 즐거움과 진지함으로 초대합니다. 잡동사니의 이 '딱 맞지 않음'은 앞으로도 높고 길게 찬양할 만합니다. '루스파트'가 우리 삶과 미묘하게

간이 맞지 않고 결이 다름으로 해서 생겼던 몇 년 동안의 부자유함을 벗고 홀가분해지는 순간이었습니다.

잡동사니는 놀이에서 긴요하게 보아야 할 주제였으나, 번잡함을 싫어하거나 꺼리고 정리 정돈을 선호하는 기관이나 성인의 태도와 위생적인 환경에 대한 집착이 완고해 자리 잡지 못하는 것 같습니다. 대량 생산과 대량 폐기 사회에서 버려지는 다양한 물건이 지닌 놀이 가치와 열린 형식을 놀이 철학으로 삼는 분들이 현장에서 차츰 늘어나길 바랍니다. 이것은 제가 이전에 천착했던 정크놀이터(Junk Playground)와 모험놀이터(Adventure Playground) 원리와 운영의 연장선에 있습니다.

덧붙이자면 모험놀이터가 처음 시작된 덴마크 코펜하겐의 엠드럽(Emdrup)에는 아래에 써놓은 하나의 원칙이 있었다고 전해집니다. 낡은 것, 부서진 것, 버려진 것 하나하나가 놀이에 다 소중합니다. 버리지 않고 놀잇감으로 쓴다는 것은 대량 생산과 대량 소비사회를 살아가는 우리의 대안적 명제이자 사회적 소명으로 삼아도 좋겠습니다.

"무엇이든 사용할 수 있고, 무엇도 버리지 않는다."

잡동사니가 놀이와 놀이터의 뿌리이고 샘물인 까닭

 함께 동거하는 어린이와 강구항 바닷가를 걸으며 아름답고 다양한 '잡동사니' 놀이와 놀이 환경의 궁극을 만난 적이 있습니다. 반대로 어린이와 '잡동사니'를 도무지 만나거나 찾을 수 없어 삭막하고 썰렁하고 건조하고 지루한 장소도 있었습니다. 어디였을까요? 공항이었습니다. 병원이었습니다. 도서관이었습니다.

 바닷가 모래밭에는 많은 것이 떠밀려 와 있습니다. 고운 모래는 반짝이고 사이사이 크고 작은 몽글몽글한 돌들이 무언가를 하고 싶게 했습니다. 그뿐 아니었습니다. 자연으로부터 도착한 것도 있었지만, 인공적인 소재도 모래밭에 무궁무진했습니다. 깨진 병 조각이 파도에 닳고 닳아 보석처럼 숨겨져 있었고, 깨진 플라스틱도 모서리가 다 갈려 나가 큐빅처럼 빛났습니다. 떠밀려 온 깡마른 막대기부터 쓰다 버린 그물망 그리고 스티로폼 부표나 비닐 등등 놀이를 하기에 바닷가는 최적의 환경이었습니다. 원래는 그런 용도와 쓰임이 아니지만 하나로 모아 작은 오두막도 만들고 싶어졌습니다. 그렇게 그곳에서 한나절을 보내니 바닷가 모래밭은 더없는 놀이터가 되었습니다.

 바닷가는 어포던스(affordance)가 다양하게 일어날 수 있는 장소입니다. 이렇듯 바닷가에서 발견하는 다양한 소재의 재료는 따로 쓰임이 정해진 용도나 방향성도 없고 누구의 지시도 따로 없어서 아이는 방향과 용도를 스스로 결정해 사용할 수 있습니다. 잊지 못할 추억을 만들어 준 것은 말할 필요도 없겠지요.

어포던스가 무엇인지 덧붙이자면, 어떤 공간이나 구조나 도구에 있어 그것과의 만남의 순간, 그러한 것들을 이렇게 저렇게 쓰거나 혹은 다르게 써보고 싶은 상태나 환경을 말합니다. 예컨대 어린이와 시민이 함께 만든 순천시 기적의놀이터들에는 언덕이 있는데, 이 언덕을 보면 누구나 오르고 싶고 구르고 싶고 미끄러져 내리고 싶고 뛰어내리고 싶은, 또는 같은 장소에 있는 터널을 보면 몸을 작게 말아 왠지 지나가거나 안에서 머물게 되는 것이라고 할 수 있습니다.

그런 언덕과 터널이 없으면 아이의 행동도 무척 단조로워지겠지요? 탁자를 보면 올라가서 뛰어내릴 뜀틀로 쓴다거나 바가지를 보면 뒤집어써 모자를 만든다거나 막대기를 보면 휘둘러 방망이로 써보는 것입니다. 심지어 막대기로는 글도 쓰고 그림도 그릴 수 있습니다. 잡동사니와 어포던스는 이 지점에서 서로 통하는 면이 있어 잘 어울립니다. 어포던스는 미국의 인지심리학자 제임스 깁슨(James J. Gibson)이 찾아낸 개념인데, 그는 사물이 그것을 인지하는 사람에게 고유한 가치와 의미를 전한다고 제안했습니다. 깁슨은 어포던스와 잡동사니의 관계를 다음과 같이 이야기했습니다.

"잡동사니는 장난감이 아니라 무한한 가능성을 지닌 물건입니다."

특정 순간에 한 어린이가 잡동사니에 부여한 어포던스에 따라 다르게 해석되거나 이해됩니다. 어포던스를 잘 이해하면 잡동사니를 보는 새로운 시각이 열리면서 어린이와 놀이와 놀이 환경의 지평이 크게 확장되는 대자유를 경험할 수 있습니다. 다음과 같은 깁슨의 귀띔도 마음에 잘 담아 두면 좋겠습니다.

"성인이라면 벽돌담을 두 영역 사이의 명확한 경계로 이해할 수 있습니다. 하지만 아이에게 벽돌담은 걷고, 돌을 쌓고, 균형을 잡고, 점프할 수 있는 장소가 될 수 있습니다."

막대기를 아이와 성인이 발견했을 때 얼마나 쓰임과 용도와 상상이 달라지는지 생각할 수 있다면 이해하기 어렵지 않습니다. 굴러다니는 막대기 하나를 잡동사니 놀이와 놀이터의 첫 번째 상징으로 삼아도 모자라지 않습니다. 지휘봉이 되었다가 뒤집개가 되었다가 야구 배트가 되었다가 망원경이 되었다가 철봉이 되었다가 지팡이가 되었다가 마술봉이 되기도 하는, 정말 만능 재주꾼인 잡동사니 가운데 하나입니다. 이런 어포던스가 넘치는 잡동사니가 여럿 널려 있는 곳이 재미없을 수 없고, 즐겁지 않을 수 없습니다. 참신한 발견과 발명과 실험이 끊임없이 이어질 것은 자명합니다. 잡동사니가 놀이와 놀이 환경의 뿌리이고 샘물인 까닭입니다. 아이에게 '잡동사니 놀이터'는 알버트 아인슈타인이 말한 것처럼 비로소 연구실이 되는 것이지요.

"놀이는 가장 높은 형태의 연구입니다."

지금 아이에게 진정 필요한 것은 넓은 놀이터와 높은 놀이기구일까요? 작은 놀이 환경에서 몇 개의 잡동사니를 가지고 다양한 방식과 수준을 바꾸어가며 실험하고 쓸 수 있고 놀 수 있고 이동이 가능한 놀이 환경이 아닐까요? 이런 잡동사니는 아이의 호기심과 놀이의 영감을 자극하기에 충분하고 그들의 동기를 일깨웁니다. 덧붙이자면 실내보다는 밖이 더 좋습니다.

이런 잡동사니 자유놀이터는 아이에게 어떤 유익함이

있을까요? 무척 이로움이 큽니다. 아이가 집중해야 할 것이 가까이 있으니 다른 문제 행동을 하는 빈도가 현격히 줄어듭니다. 자연스럽게 양육자나 교사는 본디 하는 일에 더 집중할 수 있습니다. 이런 유익함이 넘치는데 하지 않을 까닭이 없습니다.

이 밖에도 잡동사니 자유놀이터의 이로움은 다채롭습니다. 물론 오늘 하면 내일 당장 이롭다는 말이 아닙니다. 적어도 몇 달은 필요합니다. 그사이 구체적으로 아이한테 무슨 일이 일어날까요. 먼저 잡동사니를 가지고 놀면 자연스럽게 몸을 많이 움직이게 되어 신체활동이 크게 늡니다. 스스로가 주인이 되는 놀이이니 당연합니다. 몸을 많이 움직이면 기분이 좋아집니다. 기분이 좋아지면 좀 더 놀고 싶어집니다. 이런 것이 쌓이면 행복을 느낍니다. 함께하면 더 재미있다는 것도 알게 되지요. 어울리는 것이 늘어나고 자유놀이가 점점 정교해지면서 소통 또한 사려 깊게 변해 갑니다. 스스로 몸을 돌보는 능력도 늘어나 놀다 다치는 아이도 적습니다. 나아가 스스로 자제하는 능력을 자연스럽게 기르고 배우기도 합니다. 실제로 양육과 교육 현장을 살펴보면 때로 격해지는 충동과 흥분을 알맞게 다루지 못해 다치는 경우가 잦다는 것이 이를 방증합니다.

저는 서로 능력이 다른 아이가 위험한 놀이를 단계적

으로 협동 또는 모방하면서 점점 더 위험을 잘 다루게 되며 정서적·정신적으로 건강한 아이로 변해 가는 과정을 레프 비고츠키(Lev Vygotsky)가 말한 근접발달영역(ZPD)의 관점으로 다시 볼 필요성을 느낍니다. 안전하게 도전하기 위한 비계설정(scaffolding) 또한 잡동사니 자유놀이터에서 흔하고 광범위하게 관찰됩니다. 근접발달영역과 비계설정의 눈으로 놀이 속 안전, 위험, 책임에 관해 돌이켜 사유하길 권합니다. 저는 실제로 큰 도움을 받고 있습니다.

 더 걱정해야 할 것은 작은 움직임이나 활동에도 너무 쉽게 뼈가 부러지거나 크게 다치는 아이가 늘어나고 있다는 것입니다. 하나의 '증후군'이라고 불러도 좋은 정도입니다. 아기가 세상에 태어날 때는 몸에 약 300개 가까운 뼈가 있습니다. 성인인 우리는 206개의 뼈를 가지고 있습니다. 그렇다면 나머지 뼈는 어디로 간 것일까요? 너무나 활동적이고 너무나 호기심이 넘치는 영유아를 떠올려보세요. 호기심은 어린이를 움직이게 하는 원동력입니다. 호기심이 고갈된 아이는 움직이지 않으려고 할 것입니다. 그들의 엄청나게 부드러운 연골과 잠시도 가만히 있지 않는 움직임이 세분된 뼈를 융합하며 앞으로 206개의 튼튼한 뼈로 통합되는 출발이 됩니다. 어린이와 청소년 시기에 이러한 융합이 활발하게 일어나는 것은 당연합니다. 편차는 있지만 이 시기 약 240개 전후로 자리를 잡고 만 24세 정도에 비로소 완성됩니다. 여기서 중요한 것은 왕성하고 자유로운 활동과 놀이와 도전을 통해 완성된다는 것입니다. 오늘날 아이들 뼈가 왜 이리 약한지 짐작할 수 있습니다.

한마디로 신체활동의 절대적 부족으로 인한 감각통합 기능과 운동 기능이 동시에 저하된 까닭입니다. 같은 이유로 관절과 근육 또한 튼튼하지 못합니다. 뼈와 관절과 근육의 노화가 청소년과 청년 시기에 관찰된다면 믿을 수 있나요? 이것은 대부분의 활동과 몸짓이 매우 단조로운 조건에서만 일어나기 때문입니다. 예를 들어 매달리고 구르고 뒷걸음질 치고 건너뛰고 낮게 기는 자세에 노출되는 것이 거의 불가능합니다. 어린이와 청소년 시기는 몸을 전체적으로 고루 쓰며 발달하는 시기입니다. 특정 스포츠가 특정 부위만을 강화하는 것의 맹점이 여기서 드러납니다. 그런 면에서 놀이는 기고 오르고 뛰고 매달리고 흔들고 붙잡고 구르는 등등, 신체 전체를 골고루 쓰는 것이라 비교 불가입니다. 놀이를 다시 보아야 하는 까닭입니다.

특히 초등 저학년 시기에 이 두 기능 발달이 순조롭지 못해 함께 생활하는 다른 친구들에게 오해와 갈등을 일으키는 경우가 잦습니다. 쉽게 말해 아이가 다른 아이를 일부러 밀거나 때리려고 한 것이 아니라 감각통합 기능과 신체 운동 기능이 충분히 발달을 못해 자신도 모르게 부딪히거나 밀친 경우인데 다른 아이는 고의로 받아들여 생기는 일입니다. 학폭으로 오인되어 사태는 한층 더 심각해지기도 합니다. 현장의 여러 어려움이 있지만 아이들을 떼어 놓고 조심하라고 하기보다는 두 아이 모두에게 상황을 설명하고 좀 더 활동하고 움직이고 교류하며 지낼 수 있는 넉넉한 시간과 공간 속에서 자유놀이 처방을 부탁드립니다.

자유놀이가 빈번해야 아이는 자신의 행위가 공격인지 놀이인지 그 '알맞은 정도'를 섬세하게 가늠할 수 있는 감각을 기를 수 있습니다. 감각통합과 운동 기능의 발달이 아직 충분치 않은 친구를 이해하고 그런 이해를 바탕으로 '몸의 문해력(Physical literacy)'을 서로 높여 간다면 많은 문제의 실마리가 풀릴 것이라 믿습니다.

덧붙여 밖으로 나가 햇빛을 보며 활동하는 자유놀이의 부족을 가장 큰 원인으로 지목하고 싶습니다. 충분히 노는 것이 늘어나면 언쟁과 다툼도 줄어듭니다. 반대의 경우를 우리는 날마다 양육과 교육 현장에서 마주하고 있습니다. 하루를 잘 논 아이는 짜증을 모릅니다. 그리고 무엇보다도 온갖 쓰던 것들을 가지고 자유롭게 놀면서 아이는 각자 안에 있던 창조의 힘과 마침내 대면하게 됩니다. 장대한 성장 서사의 시작입니다. 무엇보다 어린이 놀이와 놀이터와 양육과 교육의 가장 큰 맹점은 서사를 찾기 어렵다는 것입니다. 대신 분절적인 소재와 주제어만 떠돈다고 할까요? 창조하는 기쁨과 즐거움이 아이 사이의 갈등을 건강하게 줄일 수 있는 길입니다. 주제넘은 줄 알지만, 교실 안팎에서 생기는 어려움과 갈등을 아이와 아이 사이의 구도로 보는 것에 너무 오래 붙잡혀 있는 것은 아닌지 살폈으면 합니다. 다른 여정에 나서야 합니다. 서로 이해하고 신뢰하고 존중할 줄 아는 솜씨와 기술과 능력을 기를 수 있는 기회와 장소와 환경은 있는지 자문하고 없다면 지금부터라도 가꿔야겠지요. 저희 내외가 시골에 밭 하나를 빌려 무상(無償)의 모험 놀이터(Adventure Playground)를 열고 10년 가까이 꾸려 온 까닭이기도 합니다.

갈등은 또한 이로움이 큽니다. 갈등하지 않고 지내는 것이 선(善)이라고 한다면 아이는 이 시기에 무엇을 회복할 수 있을까요? 회복력이 강조되고 있습니다. 그렇지만 분명히 말씀드리고 싶은 것은 아이의 회복력은 '마음 챙김'으로 생기는 것이 아니라 구체적이고 자유로운 활동에서 나온다는 것입니다. 회복력 저하는 행동의 제약과 제지와 금지에 기인합니다. 놀이 속에서 분출하는 갈등을 부정적으로만 보지 않아야 합니다. 놀면서 아이들 사이에서 일어나는 갈등과 충돌 또한 하나의 놀이 과정입니다. 갈등이야말로 타자를 인식하는 수준 높은 소통의 출발이 되는 경우가 많기 때문입니다. 그러나 그 갈등이 다른 친구에게 위협을 가하거나 통제하려 하거나 자기나 타인의 신체를 훼손하는 상태로 진행된다면 멈추게 해야 합니다. 안전에 심각한 문제가 있을 때는 개입해야겠지요.

어린이 또한 성인처럼 휘몰아치는 감정에 압도당할 수 있습니다. 그리고 시간과 장소와 사람이 달라지면 다시 차분해지는 평화를 찾기도 합니다. 이 둘 모두를 이해하는 것이 유익합니다. 필요한 것은 조금 걸리는 시간입니다. 좀 더 필요한 것은 그럼에도 그들 가까이서 침착함을 유지하는 일입니다. 그러면 어린이는 조금씩 스스로 압도당한 감정을 통제할 수 있는 지점으로 돌아옵니다.

개입의 첫 번째 가장 긴요한 원칙은 말과 행위로 직접적인 반응을 하기 전에 일단 멈추고 벌어지고 있는 상황을 차분하게 관찰하는 습관을 만드는 일입니다. 잠시 자기 성찰의 시간을 가지고 자기 몸과 행위와 말과 마음을 추스르며 아이와 나를 조율하는 것입니다. 두 번째는 과연 개입이 아이에게 이로운지를 성장과 발달의 관점에서 냉철하게 판단할 수 있어야 합니다. 세 번째는 개입이 아이의 활동과 놀이를 오염시킬 수 있다는 경각심을 항상 되새기는 것입니다. 직접적인 개입에 앞서 아이끼리 갈등을 조율해 가도록 떨어져 관찰하는 것은 기본입니다. 물론 그들의 초대에는 응해야겠지요. 어려움은 있습니다. 이런 한두 가지 특별한 경우가 아니라면 아이 놀이에 개입하지 않아야 합니다.

저와 같은 플레이워커는 개입과 지켜보기의 균형을 잡으려고 늘 애써야 합니다. 그러나 잊지 않아야 할 것은 개입이 우리의 일이 아니라 충분히 관찰하는 것이 우리의 일이라는 것을 아는 것입니다. 가장 주의해야 할 것은 아이를 즐겁게 해주는 일이 놀이활동가의 일이라 착각하는 일입니다. 우리는 엔터테이너가 아닙니다. 관찰하고 분석하고 성찰하고 돌아보는 과정은 개입하거나 위험과 마주했을 때 플레이워커의 기본적 사유 체계입니다. '놀이 일기'를 추천합니다. 플레이워커에 관해 좀 더 공부하려는 분께는 영국 플레이 웨일스(Play wales)에서 4권으로 정리한 『플레이워크 가이드(Playwork guides)』를 권합니다. 무료로 다운받을 수 있는 웹주소를 첨부합니다.*

잡동사니 자유놀이터가 큰 비용을 쓰지 않고 놀이를 시작할 수 있는 것과 마찬가지로 플레이워커 공부도 어린이와 놀이와 놀이터 현장이 학교라는 생각을 가지고

---

* https://play.wales/childhood-play-and-the-playwork-principles/

지속적인 경험을 쌓아가며 전문성을 만들어가면 좋습니다. 이와 함께 나란히 가야 하는 것이 있습니다. 플레이워커는 과학적이고 윤리적이어야 한다는 것입니다. 앞서 소개한 『플레이워크 가이드』는 지도하는 안내자 없이 혼자 또는 함께 공부하기에 모자람 없이 쉽고 명확합니다. 전문가라 주장하는 사람에게 의탁하지 말고 독립적으로 함께 모여 읽고 어린이가 있는 현장에서 천천히 실천하며 차분히 공부하기를 추천합니다.

아이가 놀면서 자신과 타인의 창조하는 기쁨을 맞닥뜨리거나 발견하는 것이 긴요합니다. 아이와 아이가 이러한 것들과 마주칠 수 없다면, 현장에 널리 퍼진 갈등과 자해와 공격은 멈추지 않을 것입니다. 창조할 수 없어 싸우는 것입니다. 창조하는 기쁨이 없이 자신과 타인을 파괴하는 것입니다. 창조할 수 없어 불행한 것입니다. 주변에 널린, 성인이 주도하는 경험과 체험과 프로그램과 스포츠 활동과 유사 놀이의 세계를 감히 부정하는 까닭입니다. 스스로 동기를 일으켜 잡동사니와 만나 새로운 세계를 만들며 기쁨과 만날 수 있다면 팽팽한 긴장과 끝없는 무기력으로부터 '대전환'이 일어납니다.

저는 놀이의 커다란 전환이 일어나는 중요한 환경을 두 가지로 봅니다. 여러 형태와 소재의 재료와 만나고 성인의 과도한 관리와 지시에서 벗어난 환경입니다. 그

용광로 속에서 아이는 변화를 다루고 유연함을 배우고 벗들의 말과 행동을 따라 하고 때로는 격렬히 비판하며 살아 있음을 느낍니다. 그런데 지금은 성인이 너무 앞에 나와 있어 아이가 무언가를 해볼 수가 없습니다.

몸으로 타인과 환경과 마주하며 이해하고 소통하는 몸의 문해력을 기르고, 주고받는 것을 배우고, 뒤따르는 책임을 배우고, 정체성을 알아채고, 자존감을 높이고, 비로소 자기 자신을 표현하며 도약해 갑니다. 성인의 참여는 필요합니다. 늘 잊지 않아야 할 것은 놀이와 놀이 환경을 아이가 온전히 통제할 수 있는 마지막 영역으로 남겨 두어야 한다는 점입니다. 플라톤은 이런 말을 남겼습니다.

"1년 동안의 대화보다 한 시간 동안의 놀이에서 그 사람에 대해 더 많은 것을 발견할 수 있습니다."

플라톤의 오래된 이야기처럼 아이는 놀아야 다른 아이를 알 수 있습니다. 알아야 갈등이 줄어듭니다. 모르니 갈등합니다. 놀면 알 수 있으니까요. 놀이는 조금씩 타인을, 친구를 알게 만듭니다. 잡동사니는 그 사이를 이어주는 메신저 역할을 아주 훌륭히 합니다.

저는, 간절히 말합니다.

아이는 놀면서 감당하기 어려운 좌절과 만납니다.
아이는 놀면서 무서움과 두려움과 만납니다.
아이는 놀면서 커다란 슬픔과 만납니다.
아이는 놀다가 다쳐 아픔과 통증과 고통을 만납니다.
아이는 놀면서 배신과 비난과 고립을 만납니다.
아이는 놀면서 들끓는 분노와 만납니다.
아이는 놀면서 온갖 부정적인 감정과 만납니다.
아이는 놀면서 또한 앞서 나열한 것들을 하나하나 정돈하고 격파해 나갑니다.
아이가 놀아야 하는 까닭입니다.
이것이 제가 가진 놀이의 대 긍정입니다.

잡동사니와 놀며 아이는 무엇과 만날까?

잡동사니 자유놀이터에 들어선 아이는 낯선 만남에서 오는 암전(blackout)과 평소 놀이 환경과 다름에서 오는 혼란에 잠시 머뭇거릴 수 있습니다. 일종의 혼돈(anarchy) 상태와 마주하는 경험입니다. 괜찮습니다. 기다리면 됩니다. 아이도 우리도 시간이 많습니다. 건강하고 온전한 놀이터에서 체계와 질서의 세계보다는 아나키즘의 요소가 발견됩니다. 오랜 시간 공부하고 꾸려 온 모험놀이터는 아나키와 친연성이 매우 높았습니다. 저 또한 가끔은 잡동사니 자유놀이터를 '아나키 에어리어(anarchy area)'로 인지할 때가 있습니다. 지나치게 밀집된 공간과 바쁜 시간 속에 포획되어 지내는 현대의 아이에게 아나키 에어리어가 정말 필요하다는 것을 아이와 함께 모험놀이터에서 오랜 시간 지내며 배웠습니다. 그래서 질서와 계획에 갇힌 도시와 현대의 어린이에게 '잡동사니 자유놀이터'와 같은 아나키 에어리어를 제공할 의무가 우리에게 있음을 확신합니다.

전체가 아니라도 좋습니다. 우리가 확보한 놀이 공간의 일부라도 아나키 에어리어로 설정하는 성인과 기관이 늘어나길 희망합니다. 그곳은 아이의 자치와 자유와 자율로 작동되는 공간입니다. 이와 같은 놀이 환경이 낯설 수 있습니다. 그래서 저는 아이와 함께 발걸음한 성인에게 정중히 부탁하곤 합니다. 아이가 시간이 걸리더라도 천천히 관심을 가지고 탐색할 수 있게 놀이터 안으로 성인의 접근을 자제해 달라고 말입니다. 언제나 놀이의 최대 장애물은 성인이니까요!

잡동사니 자유놀이터가 일반 놀이터와 다른 첫 지점은 '자신의 선택'입니다. 아이는 이 과정에서 무엇을 만날까요? 먼저, 놀이의 동력이 자신에게서 나온다는 것을 알아차리게 됩니다. 플레이워커가 하는 일은 이 과정을 철저히 다른 성인으로부터 보호 또는 차단하며, 있는 듯 없는 듯 존재하는 것입니다. 플레이워커는 있지만 없는, 없지만 있는 존재입니다. 논다는 것은 문제 풀이를 하거나 상패를 받는 것이 아니기 때문에 지도하거나 권할 것이 없습니다. 이 시간이 지나면 아이는 대부분 서서히 그리고 역동적으로 놀이의 입구를 발견합니다. 그리고 PLAY! START!

또 다른 만남은 '자신의 속도'입니다. 성인이 바람직하게 생각하는 놀이의 소재나 주제를 미리 정하게 되면 아이는 자신의 놀이 속도를 찾지 못하고 어리둥절해 합니다. 혹은 더 느리거나 과속할 수도 있습니다. 잡동사니 자유놀이터에서는 보기 드문 모습입니다. 보는 것은 자신의 속도에 맞추어 놀이를 운전해 가는 아이입니다. 이 또한 놀이와 놀이 환경이 아이를 기다리기 때문에 가능한 일입니다.

다음으로 만나는 것은 '자신의 환경'입니다. 그렇게 자신의 선택과 자신의 속도로 놀이가 앞으로 조금씩 나가다 보면 도착하는 안온한 거처입니다. 자신의 놀이 세계가 점점 밀도 높게 구체화하고 서사적으로도 단단해집니다. 놀이에서 이야기가 만들어지는 품격 높은 단계로 비상하는 상태라 할 수 있습니다. 이 과정에서 '자신의 언어'를 발명하는 것은 자연스럽습니다.

마지막은 '자신의 생각'과 문득문득 만난다는 것입니

다. 이렇게 점점 '깊은 놀이'로 나아갑니다. 귄터 벨치히 선생님은 제게 말씀하셨습니다. 저의 좌우명이기도 합니다.

"좋은 놀이터는 좋은 생각을 만듭니다."

잡동사니 놀이와 놀이터는 자연스럽게 아이가 끊임없이 사고하게 합니다. 눈에 보이지는 않지만, 여러 잡동사니에는 생각의 크고 작은 고리가 달려 있기 때문입니다. 특정 용도로 쓰이게끔 만들어진 값비싼 장난감이나 무미건조하게 구조화된 놀이기구 가까이에서는 좀처럼 발현되기 어려운 풍경입니다. 잡동사니는 여러 연령의 유아와 어린이에게 개방적이라는 것이 또 다른 특징입니다. 자기 수준에 맞추어 다양한 방식으로 사용할 수 있는 개방성이 뛰어납니다. 이렇듯 잡동사니 자유놀이터는 아이 스스로 생각할 수 있는 장소가 됩니다.

짧게 정리하자면, 아이는 잡동사니 속에서 자유놀이를 하며 '자신의 선택, 자신의 속도, 자신의 환경, 자신의 언어, 자신의 생각'을 자연스럽게 만납니다. 이처럼 놀이는 중요합니다. 모두 다 이 과정을 따를 필요는 없습니다. 내성적이고 활동이 적은 아이의 놀이 또한 이곳에서는 존중받기 때문입니다. 놀고 싶은 방식이 다를 뿐이라는 것을 플레이워커는 알고 있으니까요. 아이는 발견할지도 모릅니다. 그리고 아이는 이렇게 말할 수 있습니다.

"세상에나 이런 놀이터가 있다니! 어머나 세상에 저런 어른도 있다니!"

자칫 잡동사니 자유놀이터는 시끄럽고 혼잡하기만 하고 엉망진창으로 보일 수 있습니다. 그래서 많은 것을 한꺼번에 펼쳐놓고 시작하지 않으면 좋겠습니다. 절제와 최소화는 기초입니다. 첫 단계라면 라면 상자부터 천천히 시작하기를 권합니다. 아이는 그곳에서 '건설의 기쁨'을 만끽할 것입니다.

잡동사니 자유놀이터에서 아이가 시간을 보낼 때 성인이 특별히 주의해야 할 것이 있어 몇 가지 덧붙입니다.

하나, 아이의 놀이 흐름을 방해하지 말아야 합니다.
둘, 놀이에 관해 목표를 설정하거나 보상하지 않는다는 기본을 지켜야 합니다.
셋, 무엇을 가지고 어떻게 놀지는 아이가 결정하게 맡겨 두어야 합니다.

넷, 서두르거나 재촉하는 일도 물론 없어야겠지요.

다섯, 아이가 성장하기를 바란다면 어제보다 오늘 조금 더 허용해야 합니다.

좀 번거롭다는 생각이 드나요? 걱정하지 마세요. 이 모든 혜택은 교사와 양육자인 우리 모두에게 돌아오니까요. 잡동사니 자유놀이터의 큰 장점을 세 가지로 정리해 말씀드리고 싶습니다. 하나는 쉽고 간단하다는 것이고, 또 하나는 비용이 저렴하거나 없다는 점입니다. 마지막으로는 쉽고 저렴한데 아이에게는 몹시 유익하다는 것입니다. 아이가 창조의 즐거움으로 인해 명랑하고 적극적으로 서서히 바뀝니다. 이 세 가지 장점을 잘 살려 지금 여기서 가까이 있는 아이와 큰 비용을 들이지 않고 시작해 보기를 권하고 응원합니다.

거듭 말씀드립니다. 아이의 가장 극심한 고통은 창조할 수 없는 고통입니다. 저 또한 오랜 기간 모험놀이터와 잡동사니 자유놀이터를 꾸려 가며 느낀 것은 전문가의 놀이터 디자인이 왜 필요한지 알 수 없어졌다는 것입니다.

특히 아이의 놀이 흐름이 끊어지지 않도록 주의를 기울이세요. 거꾸로 왜 아이의 놀이 흐름이 끊기는지도 관찰하세요. 위험하다거나 더러워진다거나 시끄럽다거나 시간이 없다는 말을 전하느라고 아이의 자연스러운 놀이 흐름이 끊긴다는 것을 알아차릴 수 있을 것입니다. 아이의 놀이 흐름만 자연스럽게 이어가는 것으로 충분하다는 가벼운 마음이면 됩니다.

저와 같은 놀이 옹호 또는 놀이 활동을 하는 옹호가와 활동가가 참고하면 좋을, 영국에서 2005년 정리한 여덟 가지 '놀이 활동 원칙'을 추가로 소개합니다. 평소 동료와 함께 아이와 놀이로 만나기 전이나 공식적인 자리에서 자유놀이 옹호가로서 발언해야 할 때 한 번씩 미리 읽고 마음과 생각을 다잡습니다. 우리의 놀이 활동이 무엇인지 인지하고 준비하고 수행하고 되돌아보는 데 도움이 되는 정직한 내용입니다. 공개된 문건이라 전문을 번역해 올립니다.

놀이 활동 원칙

이 원칙은 놀이 활동의 전문적이고 윤리적인 틀을 확립하며, 따라서 다음과 같은 사항을 전체적으로 고려해야 합니다. 이 원칙은 놀이와 놀이 활동의 고유한 특성을 설명하고, 어린이 및 청소년과 함께 일하는 데 필요한 놀이 활동의 관점을 제공합니다. 어린이와 청소년의 긍정적인 발달을 위해서는 다양한 환경과 놀이 기회를 제공해야 향상된다는 인식을 바탕으로 합니다.

1. 모든 어린이와 청소년은 놀아야 합니다. 놀고 싶은 충동은 타고난 것입니다. 놀이는 생물학적·심리적·사회적 필요성이며 개인의 건강한 발달과 공동체의 안녕에 필수입니다.

2. 놀이는 자유롭게 선택되고, 개인적으로 주도하며 지시되고 본질적으로 동기가 부여되는 과정입니다. 즉, 어린이와 청소년이 놀이의 내용과 의도를 결정하고 통제합니다. 자신의 본능, 아이디어, 관심사, 나름의 이유로 결정하고 통제합니다.

3. 놀이 활동의 주요 초점이자 본질은 놀이 과정을 지원하고 촉진하는 것이며 놀이 관련 정책, 전략, 훈련, 교육의 개발에 영향을 미쳐야 합니다.

4. 놀이활동가는 성인 주도의 의제에 참여할 때, 놀이에 무게를 두고 놀이옹호자로서 발언해야 합니다.

5. 놀이활동가의 역할은 모든 어린이와 청소년을 지원하거나 그들이 놀 수 있는 공간을 만드는 것입니다.

6. 놀이활동가의 대응은 어린이와 청소년의 놀이 과정에 대한 최신 지식과 성찰적 연습을 기반으로 합니다.

7. 놀이활동가는 놀이 공간과 어린이와 청소년과 다른 놀이활동가에게 미치는 영향을 인식합니다.

8. 놀이활동가는 어린이와 청소년이 그들의 놀이를 확장할 수 있는 개입 방식을 선택합니다. 모든 놀이활동가의 개입은 어린이의 건강과 행복에 있어 위험과 유익함 사이의 균형을 유지하는 것입니다.*

---

* Playwork Principles Scrutiny Group, Cardiff, UK. 2005.

목록을 만들고 분류하기

 20년 남짓 잡동사니로 아이와 만나는 일을 하면서 하나씩 천천히 임상 데이터를 축적하는 시간을 보냈습니다. 만약 첫걸음이라면 작고 단순한 것들부터 아이와 놀아보는 것이 필요하겠지요. 앞서 잡동사니가 무엇인지 연원과 배경도 공부하고 왜 이러한 놀이 환경이 아이에게 긴요한지도 알았습니다. 잡동사니를 통해 아이와 만나는 크고 촘촘한 세계를 이해했다면 이제 비로소 잡동사니를 풍성하게 모으러 다니는 실행 단계로 넘어가도 좋습니다. 물론 순서는 바뀔 수 있습니다. 앞서 말씀드려 차례를 참고하면 인징직이고 자문한 이해에 닿을 수 있고, 아이와 만났을 때 걱정과 두려움도 적을 것이라 봅니다. 잡동사니 가운데는 작은 것들도 있어 '기도질식 테스트'를 통과하지 못한 것들은 미련 없이 목록에서 빼야겠지요. 이런 꼼꼼한 점검이 필요합니다. 그러면 차례로 이야기해 보겠습니다.

어디서 어떻게 구할까?

어디서 무엇부터 시작해야 할까요? 고민이 클 수밖에 없습니다. 먼저 다양한 잡동사니를 어디서 구할 것인가 떠올려 보세요. 이 대목에서 권하고 싶은 첫 번째 제안은 서두르지 말고 천천히 세상을 관찰하는 재미를 만끽하며 구하라는 것입니다. 차를 타고 가거나 길을 걷거나 여행을 가거나 볼일을 보러 가거나 등등 여러 상황 속에서 '잡동사니'에 집중하는 것입니다. 그렇게 다니다가 쓰면 좋겠다고 보이는 물건이 눈에 띄면 다가가 소유주가 있는 물건이면 공손히 도움을 구하고 버려진 것이라면 주변을 깔끔하게 정리해 놓고 가져올 수도 있습니다. 중요한 것은 잡동사니에 관한 안테나와 레이더를 늘 켜고 다니는 태도입니다. 함께 사는 벗과 차를 타고 가다 자주 하는 대화가 이런 것입니다. "앗! 저거 좋겠다!"

그런데 더 중요한 일은 이런 잡동사니로 아이와 놀 수 있다는 용기를 내는 것입니다. 처음에는 망설일 수 있습니다. '저 사람은 왜 저런 고물을 가지고 아이와 놀려고 하지?'라는 곱지 않은 시선도 받을 수 있습니다. 일반적인 놀이와 놀이터의 관행에 따르지 않고 놀이에 관한 새로운 관점을 세우는 것이 필요합니다. 왜 그럴까요? 우리는 아이가 변화하는 세상에서 참신한 방식으로 용기 있게 대응하며 살아가길 바랍니다. 그러려면 아이와 만나는 우리부터 참신한 관점과 행동으로 옮기는 용기를 가져야겠지요. 그렇게 아이와 더불어 상상과 실험과 도전이 넘치는 잡동사니 자유놀이터를 시작했다면 당신은 이미 훌륭한 자질을 지닌 놀이활동가입니다.

가까이서 구해 보자

긴요한 저의 원칙을 하나 더 말씀드리자면, 잡동사니를 구하는 과정에서 돈을 쓰는 것에 저항하는 적극적인 태도입니다. 아껴야 하고 그만큼의 돈이 없어서 그런 것만은 아닙니다. 양육의 시기는 소비주의에 격렬히 저항하는 시기와 일치합니다. 자주 반대로 인식하는 경향이 우리 사회에 만연한데 양육과 교육의 혼잡함으로 빨려 들어가는 수렁이 되고 있음을 알아차렸으면 합니다. 오히려 절약하는 태도를 견지했을 때 질 좋고 놀이 가치가 높은 멋진 잡동사니와 더 잘 만날 수 있다는 경험이 쌓인 탓입니다. 최악의 경우에만 돈을 쓰길 바랍니다. 때로 적은 예산은 우리를 창의적으로 궁리하게 만듭니다. 이것은 잡동사니 자유놀이터에 오는 어린이에게도 그대로 적용됩니다. 돈을 주고 사들이는 것보다 훨씬 더 말입니다. 안테나와 레이더 잊지 않으셨죠?

제 경험을 하나 말씀드리겠습니다. 때마침 타이어를 교체할 때가 되어 타이어를 바꾸러 갔습니다. 타이어를 다 교체하고 나서 정비사님께 밖에 쌓아놓은 타이어 몇 개 얻을 수 있냐고 했더니 얼마든지 가져가라 하셨습니다. 허락을 얻고 둘러보니 많이 마모된 타이어도 있었지만, 거의 새것에 가까운 타이어도 발견할 수 있었습니다. 그때 얻어 온 타이어를 지금도 잘 사용하고 있습니다. 물론 타이어 같은 것은 가져오기 전에 꼼꼼히 살펴야 합니다. 철사가 드러난 부분은 없는지 등등을 눈으로 말고 손으로 세밀하게 쓸어보아야 합니다.

돈을 쓰는 것이 아니라 버려진 것을 다시 새롭게 쓰거나 한쪽에 밀쳐 둔 것을 놀이의 눈으로 재발견해서 쓰는 활동이라고 할 수 있습니다. 가전제품 대리점도 훌륭한 장소입니다. 이런 일을 자주 하다 보면 점점 재료와 소재를 보는 안목이 높아지는 것은 당연하겠지요? 항상 물어보아야 합니다. 묻지 않으면 구할 수 없습니다. 물으면 구할 수 있습니다. 부지런하고 눈이 반짝이는 수집가가 될 수밖에 없는 까닭입니다.

주변과 이웃의 협조를 얻자

활동은 자연스럽게 주변에 소문이 나게 마련입니다.

여기저기서 연락도 옵니다. "집 정리를 하다가 이런 물건이 하나 나왔는데 편선생! 가져다 쓰면 어떨까?" 하는 반가운 소식입니다. 이렇게 주변과 이웃에게 협조를 구하는 것입니다. 이 과정에서 자연스럽게 이웃의 이해를 높일 수 있는 것은 덤입니다. 대형 냉장고 종이상자를 늘 구하고 있다는 것을 아는 이웃은 10년 만에 냉장고를 바꾸면서 커다란 종이상자를 가져가라며 연락을 줍니다. 주저 없이 플레이버스(PLAYVERSE)를 몰고 가 고맙다는 인사를 드리고 싣고 와서 플레이버스 카고(PLAYVERSE CARGO)에 정성스레 넣어 둡니다.

이렇게 끊임없이 모으는 일이 일상이라고 보시면 됩니다. 우리 마을의 쓰레기 집하장을 그냥 지나치지 않고 이번 주에는 어떤 것이 나왔나 눈여겨보는 것도 잊지 않습니다. 더 나아가 지금 필요한 것이 무엇인지 주변과 이웃에게 SNS 같은 것을 통해 알릴 수 있다면 더 좋겠지요? 아예 이웃과 함께 집동사니 자유놀이터를 꾸려 가면 더 좋고요.

잡동사니 목록을 만들고 덩어리 짓기

여기서 작은 문제가 발생합니다. 이렇게 틈만 나면 얻어오고 가져오고 주워 온 잡동사니를 어떻게 정리할 것이냐 하는 것입니다. 주워 온다고 했는데 맞습니다. 길가에서 주워 온 것도 꽤 있습니다. 언젠가는 도로를 달리다가 도로 바깥쪽에 나무 팔레트 2~3개가 뒤엉켜 버려진 것을 보았습니다. 얼른 차를 돌려서 실어 오기도 했습니다. 팔레트는 아이가 건축 놀이를 할 때 아주 요긴하게 구조물을 만들 수 있는 질 좋은 잡동사니입니다.

그런데 이렇게 보이는 것마다 죄다 가져오다가는 앞마당이 고물상이 되는 것은 시간문제입니다. 고물상이 되어서는 곤란하겠지요. 어디에 무엇이 있는지 파악하기도 꺼내기도 쉽지 않을 테니까요. 비가 들이치지 않는 창고가 있으면 좋겠지만 그런 장소도 곧 가득 차 버리고 말 겁니다.

놓쳐서는 안 되는 것은 왜 이런 잡동사니를 모으는가에 관한 분명한 인식과 기준입니다. 저는 분명한 동기와 원칙으로 이 작업을 이어가고 있습니다. 아이의 몸과 손과 사고가 이와 같은 잡동사니를 찾거나 원하고 있고, 이런 물건에 놀이 시작(playstart)의 스위치와 메커니즘이 자리 잡고 있다고 보기 때문입니다. 왜 하는지가 분명해야 어떻게 할 것인지가 수월합니다. 반대로 시작하면 혼란이 올 수 있습니다.

미국의 저널리스트 리처드 루브(Richard Louv)의 말을 귀담아들을 필요가 있습니다.

"잡동사니 재료는 끝이 없습니다. 아이는 이를 다양한 방법으로 사용할 수 있으며 상상력과 창의력을 통해 다른 잡동사니와 결합할 수 있습니다."

 유형을 나누고 대략적인 분류가 필요한 까닭입니다. 먼저 물건의 소재나 쓸모에 따라 나누어 보면 대략 15개 정도로 나눌 수 있습니다.

 ① 목재 : 막대기, 통나무, 팔레트, 나무판자, 나무숟가락, 소쿠리, 전선 케이블, 실패, 대나무, 나무토막, 옷걸이, 코르크, 나무 단추, 의자, 다리, 컵.
 ② 석재 : 자갈, 조약돌, 바위, 분필, 벽돌, 분필, 모래.
 ③ 식물 : 나무껍질, 짚단, 솔방울, 나뭇잎, 씨앗, 가지, 풀, 꽃, 꼬투리, 도토리.
 ④ 금속 : 냄비, 병뚜껑, 프라이팬, 모종삽, 깔때기, 쟁반, 양동이, 믹싱 볼, 못, 그릇, 너트, 볼트, 와셔, 스프링, 캔, 열쇠, 카라비너, 클램프, 고장 난 트럼펫, 문손잡이, 호일, 자석, 자동차 번호판.
 ⑤ 고무 : 자동차 타이어, 자전거 타이어, 경운기 타이어, 피규어, 고무줄, 호스, 방수포, 물안경.
 ⑥ 플라스틱 : 파이프, 배수관, 핸들, 바구니, 훌라후

프, 교통콘, 안전모, 전선 케이블, 진공청소기 튜브, 실패, 쓰레기통, 아크릴판, 우유 상자, 빨래집게, 빨대, 필름통, 스펀지, 글자 조각, 컵, 랩, 부표.

⑦ 세라믹 : 구슬, 보석, 타일, 도자기, 거울, 우유병, 프리즘, 화분, 꽃병.

⑧ 직물 : 커튼, 방수포, 그물, 가방, 헌 옷, 양모, 핸드백, 레이스, 해먹, 담요, 쿠션, 스카프, 카펫, 깃발, 베개, 펠트, 소방호스.

⑨ 끈 : 신발 끈, 로프, 실, 줄넘기, 리본, 새끼줄.

⑩ 종이류 : 냅킨, 우유갑, 크고 작은 종이상자, 골판지 상자, 신문지, 종이 기둥, 달걀 상자, 케이크 케이스, 냉장고나 에어컨 포장 상자.

⑪ 동물 : 조개껍데기, 깃털.

⑫ 향기나 냄새가 나고 소리가 나는 것.

⑬ 토양 : 흙, 모래, 진흙, 눈, 물, 얼음.

⑭ 구르는 것 : 운반용 똘똘이, 손수레, 유아차, 캐리어(가급적 플라스틱), 쇼핑 카트, 탁구공, 테니스공, 축구공 럭비공, 농구공.

⑮ 전자제품 : 키보드, 모니터, 오래된 마우스, 돌리거나 누르는 전화기, 고장 난 카메라, 핸드폰, 고장 난 헤어드라이어.

⑯ 도구와 연장 : 삽, 갈퀴, 물뿌리개, 통, 줄자, 사다

리, 종이테이프, 덕트 테이프, 페인트, 브러시.

 실제 개별적인 목록은 더 다양하며 얼마든지 추가할 수 있습니다. 특히 걱정하는 ⑯번 도구나 연장의 사용은 아이가 다른 잡동사니와 견주어 훨씬 더 신중하고 집중해서 다룬다는 점을 특별히 이해할 필요가 있습니다.
 나아가 이런 실제 재료뿐만 아니라 생각, 소리, 감정, 빛, 느낌, 날씨 등으로 개념을 확장하는 것도 필요합니다. 물과 불도 중요한 소재입니다. 꼭 고려해야 할 것은 잡동사니를 구하거나 내놓을 때 남녀 성별에 따른 쏠림이 없도록 해야 한다는 것입니다.
 조금 놀랄 이야기로 마무리해야 할 것 같습니다. 여기에 빠진 '잡동사니'가 있습니다. 웃으며 말할 테니 긴장을 푸세요. 이른바 최후의 잡동사니는 바로 저 자신입니다. 아이는 성인인 우리를 잡동사니 가운데 하나로 느끼고 소통하고 쓸 수 있다는 것입니다. 저의 큰 행복입니다. 아이가 그 많은 잡동사니 가운데 저와 동료를 '말하고 움직이는 잡동사니'로 대해 주었을 때 기쁩니다. 쓸모 또한 다양합니다. 잡고 있으라고 할 때도 있고 기둥처럼 서 있으라고 할 때도 있습니다.
 끝으로 한 번 더 환기하고 가야겠습니다. 놀이와 놀이터에 왜 이런 다양한 잡동사니가 필요할까요? 아이가 이곳에서 놀면서 복잡다단한 국면과 자연스럽게 만나고 헤쳐가며 차분히 대안과 해법을 터득하며 섬세하게 성장하기 때문입니다. 이렇게 놀이는 아이를 다른 삶의 장면으로 데려갑니다. 그러니까 잡동사니 자유놀이터를 한마디로 줄여 말한다면, 가능성으로 가득 찬 곳이라 보아도 어색하지 않습니다. 최선의 놀이 환경이라는 것은 다른 말로 '가능성'이 다양하고 풍성한 곳입니다.

적정한 잡동사니의 수량은 어느 정도일까?

주의해야 할 것은 한꺼번에 많은 양과 개수를 제공하지 않도록 특별히 관심을 기울여야 한다는 점입니다. 잡동사니 놀이터를 진행할 때 가까이 있는 성인에게 자주 받는 질문이 무엇이냐면 재료가 부족하지 않냐는 것입니다. 뭔가 빈약하고 모자라 보인다는 말이겠지요? 그런 질문을 받을 때면 속으로 이렇게 생각합니다. '알맞은 수량이 아이에게 제공되고 있구나'

"어른의 눈에는 잡동사니 놀이터가 뭔가 항상 부족하고 모자라 보이나 봅니다. 하지만 아이들은 그런 부족함을 이야기한 적이 없어요. 아이들이 부족한 건 언제나 노는 시간입니다. 아이들은 그런 생각의 틈이

끼어들 새도 없이 별것 없는 상황을 별것이 있게 만들어요."

함께 모험 놀이터와 잡동사니 놀이터를 꾸려가고 있는 박보영 플레이워커가 어느 날 했던 말입니다. 왜일까요? 현재 우리 주변에서 흔히 볼 수 있는 체험과 프로그램과 놀이의 눈에 띄는 문제점은 아이에게 지나치게 많은 양의 재료를 그것도 너무 쉽게 제공하는 데 있습니다. 마치고 버려지고 낭비되는 것이 많은 것도 사실입니다. 많다고 좋은 게 아닙니다. 적당한 수량으로 놀이의 긴장과 밀도를 유지하는 것이 긴요합니다. 플레이버스를 운영할 때 함부로 늘리지 않는 이유입니다. 아이 수와 공간을 살펴 수량을 항상 최소화합니다. 일정 수량을 넘으면 놀이가 붕괴하기 때문입니다. 우리 삶과 다르지 않습니다. 언제나 알뜰하게 필요한 만큼만 있어야 질 높은 놀이와 삶의 환경이 만들어집니다.

많은 양육자께서 풍요로운 놀이 환경에 아이를 보내는 게 익숙해져 있음을 잘 알고 있습니다. 무조건 아껴야 한다고 주장하는 것이 아닙니다. 그처럼 넘치는 것들이 오히려 아이에게는 사려 깊지 못한 환경이라는 점을 인식해야 한다는 말입니다. 어떤 활동을 아이와 할 때 알맞은 수량을 판단할 수 있는 역량은 교사나 활동가가 갖추어야 할 중요한 자질입니다. 많은 것이 아이에게 제공되었을 때 아이는 압도되어 아예 사용하지 않을 수도 있습니다. 중요한 것은 부족함 속에서 생각과 사고가 춤을 추고 날갯짓한다는 것입니다. 빈곤이 풍요를 만드는 역설이 놀이와 놀이터에서는 흔하게 벌어집니다. 놀이가 마법인 까닭입니다.

바람직한 환경은 참여할 아이가 각자 자기가 가지고 있거나 쓰고 있는 재료를 가지고 놀이 현장에 오는 것입니다. 이상적인가요? 꼭 그렇지만은 않습니다. 하지만 이렇게 각자 가지고 온 잡동사니를 놀이 장소에 펼쳐 놓았을 때, 그 다채로움은 그곳에 도착한 아이들의 호기심과 상상의 심장을 뛰게 만듭니다. 놀이가 자연스럽게 시작되는 것이지요.

적정한 수량을 결정할 때 자연물과 인공물의 조화와 균형을 잡아주면 좀 더 친절한 곳이 될 수 있습니다. 적정 수량이 언제나 고정적일 필요는 없습니다. 변화를 받아들이고 다양한 변수 속에서 지내는 것을 배우는 곳이 잡동사니 자유놀이터이니까요.

성인의 준비와 계획을 넘어서 아이가 직접 무언가를 들고 도착한다면 그보다 더 반가운 일은 없겠지요. 이러한 잡동사니 자유놀이터 생각은 창의성 연구의 선구자로 알려진 미국 심리학자 길퍼드(J. P. Guilford)가 제안한

'발산적 사고' 혹은 '확산적 사고(Divergent Thinking)'와 맥락이 닿아 있습니다. 이곳에서 아이와 만나 보면 길퍼드의 발산적 사고가 일어나고 이어지고 맺어지고 풀어지는 광경을 생생하게 볼 수 있기 때문입니다. 속 깊은 놀이가 펼쳐집니다. 나아가 잡동사니를 자기가 의도한 대로 조작하고 끼우고 잇고 옮기면서 불안과 우울에서 벗어나 내재적 동기와 용기와 결정과 기쁨의 국면과 만나기도 합니다.

우울은 또한 지루함과 꽤 연동됩니다. 불안과 우울의 원인이 내 마음대로 결정할 수 없었던 지점에 옹이가 굳어져 생기기 때문입니다. 심심한 것은 좋지만 지루함은 위험의 신호입니다. 특히 어린이와 청소년에게 그렇습니다. 지루해하는 아이에게 관심을 가져야 하고 지루함을 떨칠 호기심 가득한 놀이 환경을 제공해야 할 의무가 양육자와 교사인 우리에게 있습니다.

잡동사니 놀이터의 안전과 유지에 관하여

잡동사니의 안전과 위험 평가하기

 놀다가 부서진 것은 즉시 치워야 하고, 날카로워진 면은 사포로 갈아 두어야 합니다. 이렇듯 주의해야 할 점이 있습니다. 그렇다고 크게 겁먹을 필요는 없습니다. 안전을 바라보는 일상적인 긴장을 놓지 않으면 됩니다. 심하게 파손되어 안전에 문제가 있을 것으로 판단되는 항목은 마땅히 폐기해야 합니다. 깨진 것들은 자리가 없습니다. 원래는 연결되어 있었으나, 자주 놀면서 헐거워진 것도 주의 대상에 올려놓아야 합니다. 잡동사니 하나하나 그 자체의 위험과 그것을 가지고 놀았을 때의 유익함을 놓고 저울질을 주기적으로 해야 합니다. 놀이는 위험할 수 있지만, 그 속에 있는 유익함을 찾고 발견할 수 있어야 하고 그 위험을 관리할 방법을 찾는 게 플레이워커인 저의 일입니다.
 위험을 감수하며 유익함을 선택해야 할 때가 분명 존

재합니다. 그럴 때 미루거나 회피하지 말고 판단하고 결정해야 합니다. 그래서 냉정함이 늘 필요합니다. 위험보다는 유익함이 크다고 판단되면 일단 가지고 놀 수 있습니다. 이와 같은 저울질은 실제로 놀이 상황이 벌어지기 전에 마치기를 권합니다. 새로 추가할 항목이 있다면, 안전성에 관한 플레이워커 상호 간의 면밀한 논의가 사전에 꼭 있어야 합니다. 저 또한 플레이버스를 함께 꾸려 가는 동료와 늘 의견을 주고받습니다.

장소를 미리 점검하는 것도 잊지 않아야 합니다. 주변을 둘러보고 깨지거나 심하게 오염된 것은 정리해야 합니다. 아이가 인지할 수 없는 위험은 당연히 제거되어 있어야 합니다. 질식과 목 졸림이 예상되는 작은 알맹이와 한쪽이 고정된 밧줄은 특히 주의가 필요합니다.

우리는 걷거나 운전하거나 먹거나 마시거나 하는 일상에서도 위험한지 그렇지 않은지 항상 저울질합니다. 그렇지 않으면 우리 일상은 크게 위협받을 수 있습니다. 이와 같은 저울질은 처음에는 낯설고 어려울 수 있지만 우리 삶 가까이에서 늘 작동하고 있는 꽤 친근한 것이라는 것을 깨닫는다면 편안한 마음으로 가능합니다. 걷거나 운전하거나 모두 위험과 안전 사이를 균형 잡으며 오가는 행위이고, 그 과정에서 우리는 위험을 감수하고 평가하며 지냅니다.

특히 잡동사니 자유놀이터는 다른 놀이 환경보다 움직임이 활발하고 복잡하고 변화무쌍합니다. 고정된 기구를 이용하는 놀이터가 아니기 때문에 당연합니다. 이런 곳에서 위험유익평가(risk-benefit assessment)는 일반적인 위험유익평가와 다른, 살아 있는 실시간 기준이 필요합니다. 위험과 관련해서 신뢰할 수 있는 입문서는 『Managing Risk in Play Provision』입니다. 무료로 다운받아 공부할 수 있습니다.*

이른바 전문가나 안내자나 기관의 지도나 자격증 발급 여부와 관계없이 위험에 관해 공부하는 것이 이전보다 많이 수월해졌습니다. 함께 모여 공부하면 더 좋습니다. 공부만큼 중요한 것은 현장에서 아이와 놀이로 만나며 그들의 이야기에 귀 기울이는 일임을 잊지 않아야 합니다. 저와 동료 또한 이런 긴 공부를 거치면서, 위험은 걱정하거나 제거하는 것이 아니라 평가하는 것이라는 기본적 인식의 틀을 마련할 수 있었습니다. 우리 사회에 이러한 위험에 관한 진전된 사유가 자리 잡기를 바라며 위험한 이야기를 멈추지 않고 있습니다. 잘못되고 과도한 위험 평가에 아이의 자유놀이가 희생되어서는 안 된다고 생각하기 때문입니다. 좀 더 구체적인 논

---

* https://www.playscotland.org/resources/managing-risk-in-play-provision-implementation-guide-2nd-edition-4/

의는 『위험이 아이를 키운다』를 참고하시면 좋겠습니다.

물론 자유놀이는 계산이 불가능한 불확실성을 포함하고 있습니다. 놀이 속 아이의 행위는 언제나 예측 불가능을 동반합니다. 그렇다면 이런 불안함을 안고 위태롭게 안전만을 바라며 외줄 줄타기를 계속해야 할까요? 아닙니다. 온당한 위험 평가와 분석은 차분한 관리로 넘어갈 수 있는 안정과 신뢰를 만듭니다. 자연스럽게 위험은 줄어듭니다.

잊지 않아야 하는 것은 성인 관리자나 전문가만이 위험을 평가하거나 분석할 수 있는 것이 아니라는 사실을 받아들이는 태도입니다. 차원은 다를 수 있지만, 아이는 위험을 평가하거나 분석할 수 있습니다. 기존 놀이터의 핸디캡은 성인 전문가만이 위험을 평가하거나 분석하는 곳으로 존재한다는 점입니다. 당연히 전문가는 제 역할을 성실하고 정직하게 수행해야 합니다. 다만 전문가는 표준화된 개별 놀이 시설 중심으로 맥락을 벗어난 시공간에서 위험을 다루지만, 아이는 놀이터 곳곳에 존재하는 거의 모든 사물과 시간과 계절의 변화 속에서 위험을 총체적으로 인지하고 실험하고 평가하고 분석하고 그에 따라 행동한다는 것 또한 분명합니다. 결론적으로 아이는 실시간으로 위험을 평가하고 분석하는 주체입니다.

이렇듯 아이가 놀면서 스스로 위험을 평가하고 분석

하다 보면 어렵지 않게 '맥락적·추론적 사고'에 도달합니다. 아이가 놀아야 맥락도 파악하고 추론도 할 수 있습니다. 아이가 이런 추론에 익숙하지 않으면 오해를 만들고 오해를 해서 일상생활이 무너질 수 있습니다. 맥락과 추론에 어려움을 겪는 원인이 '놀이의 축소와 부재'에 있음을 간파해야 합니다. 유익한 방향이 무엇이고 손실을 보는 선택이 무엇인지 숙고하게 됩니다. 사고를 방지하면서 위험에도 안심하고 도전하는 것, 둘 모두가 양립할 수 있는 행동이 무엇인지 비로소 가늠할 수 있습니다. '불확실성'과 '위험'을 처리할 수 있는 단계에 도착하는 것입니다. 이제 아이를 불신하는 '과잉보호'는 설 자리가 없습니다. 과잉보호는 아이의 '동기와 가능성'을 동시에 지우고 소각하는 가장 강력한 불가역적 조치입니다.

이 시기를 불확실성과 위험과 몸과 행위로 통과하지 않았다면 어떤 어려움과 마주할까요? 향후 청년과 장년의 삶에서 또한 불확실성과 위험을 회피하거나 두려워하거나 도전하지 않으려는 성향이 굳어질 거라고 예상할 수 있습니다.

저는 이러한 사회적 현상을 '리스크 포비아 사회(risk phobia society)'라 새롭게 이름 붙여 쓰고 있습니다. 쉽게 말해, 위험을 피하는 것을 넘어선 위험을 혐오하는 사회입니다. 어린이와 관련한 어떤 자리를 가도 가장 먼저 나오는 이야기가 위험하니까 무조건 축소하고 막아야 한다는 것입니다. 이 정도면 위험을 걱정하는 차원이 아니라 위험을 혐오하는 '위험 혐오 사회'에 진입했음이 느껴져 마음이 무겁습니다. 겁주기와 책임자 걱정에 이어 결론은 막무가내 축소 및 제거의 순서입니다. 위험에 관한 건전한 논의를 짧은 시간에 급속도로 수렁으로 몰고가 '위험 제로' 상태를 결정하고 안도하며 회의는 끝납니다. 그리고 어쩔 수 없지 않으냐는 마지막 말도 덧붙입니다.

'위험 혐오 사회'의 어두운 미래를 봅니다. 이것은 꽤 심각한 집단적 은폐 시도입니다. 미래는 위험과 불확실성이 상수인 시기입니다. 상황과 인식과 판단과 결정이 이런 경로로 자리 잡는다면 불확실성과 위험의 시대를 살아갈 아이들은 또 어디서 어떻게 무엇을 하며 위험과 불확실성을 가늠하고 다루는 법을 배울 수 있을까요?

완벽히 안전하다고 보이는 것 이외에는 어떠한 것도 하지 않으려는 위험 혐오 경향이 대세를 이루면서 이미 우리 사회의 탄력은 극도로 떨어졌습니다. 상황은 이해하지만, 관련된 위험 혐오가 건강한 인식을 방해하는 것은 분명한 사실입니다. 불확실하고 위험한 것은 조금도 가까이하지 않으려는 모습 말입니다. 상상, 도전, 진로, 연애, 결혼, 비혼, 출산, 양육, 이혼, 은퇴 등등 거의 모든 것에 강력한 영향을 행사합니다. 어떻게든 위험 감수를 피하거나 하지 않으려는 '위험 혐오 사회'로의 고착입니다. 건강한 위험에 관한 기피와 혐오는 분명 희망적이지 않은 신호입니다. 나아가 아이가 불확실성과 위험과 만났을 때 생기는 비판적 사고의 시작 또한 요원합니다.

위험을 통해 안전을 배우고, 안전을 통해 위험을 배웁니다. 아이가 위험을 인지하는 것이 위험을 회피하는 것보다 훨씬 유익한 까닭입니다. 아이는 나무에 오르고 나무에서 뛰어내리기도 합니다. 실제로 나무에서 떨어져 다치는 경우보다 침대나 소파에서 떨어져 다치는 아이가 더 많습니다. 높은 곳에서 뛰어내리거나 빠른 속도로 무언가를 하려는 것은 아이가 그런 기회와 환경이 필요함을 호소하는 것입니다. 이것을 통해 할 수 있는 것과 없는 것을 구분하고 잘되지 않았을 때 다른 방식으로 시도하는 방법을 배워 차츰 더 가능한 사람이 되려고 하는 것입니다. 말썽을 일으키려고 하는 것이 아닙니다. 아이는 일부러 반항하거나 나쁜 행동을 골라서 하는 것이 아닙니다. 그들은 연결되고 싶은 것입니다. 비고츠키의 아래 말은 온당합니다.

"놀이에서 아이는 항상 자신의 평균 연령을 넘어 행동합니다. 놀이에서 아이는 마치 자기보다 키가 큰 사람처럼 행동합니다."

 용기와 자신감도 늘어납니다. 잡동사니를 가지고 놀면서 이 둘을 차례로 통과합니다. 놀면서 위험과 만나기도 하고 새로운 위험을 넘어서기도 하면서 다양한 한계와 경계를 마주하고 경험하고 다룹니다. 스스로 또는 가까운 친구를 통해 아이가 실질적 한계와 경계가 어디인지 선명하게 알아가는 것이 중요합니다. 목숨과 관계있는 일이니까요. 그러니까 놀이라는 것은 어찌 보면 할 수 있는 것과 없는 것을 구분하고 알아가고 넘어서는 과정입니다.

 물론, 여기서 말하는 위험은 리스크(Risk)이지 해저드(Hazard)가 아닙니다. 리스크가 위험의 가능성에 방점이 찍혀 있다면, 해저드는 위험 그 자체라고 할 수 있습니다. 리스크는 아이가 인지할 수 있고 선택과 결정의 주인이 되는 위험입니다. 해저드는 아이의 놀이 활동에 아무런 유익함을 주지 않는 깨진 유리병이나 삭아버린 난간 같은 치명적 위험이라고 할 수 있습니다. 해저드는 아이가 알아차릴 수 없어서 대응할 수 없습니다. 아이가 볼 수도, 선택할 수도, 결정할 수도 없는 위험입니다. 놀이가 시작되기 전에 반드시 수리하거나 제거해야 합니다.

 꼭 기억해야 할 것은 저와 같은 오래된 플레이워커라

도 위험에 관해 긴장을 놓거나 무서움을 잃거나 태만해서는 안 된다는 것입니다. 비유하자면 시동을 켜놓지 않은 차는 경적이 울리지 않을 수 있습니다. 이래서 놀이 활동이 때로 어렵고 긴장을 느낄 수 있습니다. 제지하지 않으면서 그렇다고 위험에 둔감해서도 안 되는 이중의 의무를 잠시도 잊지 않아야 하기 때문입니다. 함께 플레이버스를 꾸려 가고 있는 동료와 늘 서로 확인하는 중요한 하루의 루틴입니다. 플레이워커 구성의 최소 인원이 두 명인 까닭이기도 합니다. 혼자서는 플레이워커를 할 수 없습니다. 안전 때문만이 아니라 이야기를 나누며 성찰하거나 객관화할 수 없기 때문입니다.

아이가 심각한 상처를 입을 가능성이 없는 한 개입하지 않는 원칙을 세워야 합니다. 개입 과정에서 아이를 놀라게 해 더 크게 다칠 수 있습니다. 아이가 위험에 처해 있을 때는 좀 더 신중하게 다가서야 합니다. 그러나 심각한 부상이 상당히 예상된다면 방관해서는 안 됩니다. 아이가 도로에서 자전거를 타는데 헬멧 없이 머리를 다치거나, 돌 쪼개는 활동에 보호안경 없이 눈을 다치거나, 보드를 배우는 단계에서 보호대 없이 골절을 경험할 필요는 없습니다. 머리와 눈을 크게 다치면 영구 손상을 입어 회복이 어렵지만 골절은 그렇지 않다는 것도 냉철하게 구분해야 합니다. 실제로 회복이 가능한 골절 사고가 어린이와 청소년 시기에 드물지 않은 것도 폭넓게 살펴야 합니다.

어린 시절 크고 작은 사고를 줄이거나 예방하는 하나의 분명한 선택지는 위험한 놀이와의 잦은 접속입니다. 회복 또한 놀라울 정도로 빠릅니다. 눈여겨보아야 할 지점은 위험한 놀이가 스포츠 활동보다 일반적으로 훨씬 덜 심각하게 다친다는 것입니다. 자유놀이 또는 위험한 놀이가 조직화한 체육이나 스포츠보다 상대적으로 안전한 까닭입니다.

저는 부상을 지지하지 않습니다. 그러나 크고 작은 부상에 동반하는 '아픔'을 마냥 피하는 것은 바람직하지도 가능하지도 않다고 주장합니다. 찰과상, 타박상, 열상, 자상 등으로 인한 부상과 아픔은 때로 아이가 위험을 감지하고 진실로 살아 있음을 느끼는 가장 원초적 경험을 줍니다. 아이는 이렇게 자신이 살아 있음을 생생하게 몸으로 체감할 수 있는 안전한 환경이 꼭 필요합니다. 만약 이러한 것들로부터 차단되어 있다면 아이는 자신의 세계를 구체적으로 만드는 데 실패할지 모릅니다.

다시 말합니다. 저는 부상을 찬성하지 않습니다. 그러나 아픔을 느낄 수 있다는 것은 분명 살아 있음의 증거입니다. 놀면서 다쳐 본 적이 적거나 없다는 것은 아픔을 느껴 보지 못했다는 말이고, 이것은 살아 있음의 분명한 상태 또한 가늠하지 못하고 있는 열악한 상태임을 웅변합니다. 영국에 처음으로 모험놀이터를 소개한 앨런(Lady Allen of Hurtwood) 여사의 일갈은 'No Risk, No Play'와 함께 여전히 금과옥조입니다.

"영혼이 부러지기보다는 뼈가 부러지는 것이 낫습니다."

실제로 어린이와 청소년 사망 원인 1위는 교통사고이고 2위는 자살입니다. 또한 어린이와 청소년의 골절은 우울과 같은 정신 건강 발생률보다 훨씬 미미하고 경미합니다. 어린이가 놀다가 다치는 것에 관한 집단적 각성이 절실한 때입니다.

아이 가까이 있는 누구도 아이가 다치는 것을 원하지 않습니다. 아이가 원하지 않는 위험을 감수하는 것 또한 지지하지 않습니다. 자유놀이 옹호가로서 늘 새로운 놀이터가 열리면 벗과 함께 위험에 관한 점검을 처음으로 초기화(reset)하며 마음을 다잡습니다. 저의 첫 번째 책임은 아이를 온몸으로 보고 온몸으로 그들의 말을 듣는 것입니다. 여기서 아이를 본다는 것은, 귀로 듣거나 눈으로 보는 것을 넘어서는 '온몸'으로 본다는 것을 뜻합니다.

자유놀이 옹호가로서 플레이워커인 제 역할은 어린이의 말에 귀 기울이며 어린이를 보호할 의무와 어린이가 위험을 감수할 수 있는 도전적인 놀이 기회를 지원하고 지지하고 옹호하고 촉진하는 의무를 동시에 수행하는 일입니다. 자유놀이 옹호가로서 저는 늘 이와 같은 이중의 의무를 자임하고 자각하고 다른 활동가와 공유합니다. 우리는 아이의 놀이와 자유와 자율을 지원하고 중단 없이 지속하게 하는 일을 하는 사람이기 때문입니다.

 어린이의 이야기를 온몸으로 들으려고 하면 그들이 어떤 놀이 기회와 놀이 환경을 갈망하는지 알 수 있습니다. 다시, 온몸으로 본다는 것은 그래서 보지 않으면서 보는 것입니다. 아이를 눈으로만 보고 있다면 아이는 부담스러워 놀 수 없을 것입니다. 최종적으로 아이를 보는 것에서 나아가 아이를 보는 자신을 볼 수 있어야 합니다. 온몸으로 본다는 표현을 쓰는 까닭입니다. 그런데 놀이활동가나 양육자나 교사 자신은 누가 보고 있을까요? 우리는 아이에게 영향을 주는 존재이기도 하지만 받는 존재이기도 하잖아요? 놀이활동가나 양육자나 교사 자신은 아이로부터 영향받은 이야기를 누구와 나누며 돌아볼 수 있을까요? 이 대목이 한국 사회 어린이와 놀이와 육아와 교육과 관련된 일을 하는 성인이 마주한 커다란 공백이고 맨홀입니다.

아이가 정신적으로 육체적으로 할 수 없는 일을 부추기거나 몸으로 도와서는 곤란합니다. 정면에서 극복해야 아이와 놀이로 만나는 것이 비로소 가능하다는 역설을 꼭 전하고 싶습니다. 이를 위해서도 늘 아이를 보아야 합니다. 아이와 함께하는 일을 하는 놀이벗께 꼭 드리고 싶은 말이 있습니다. 최악의 길은 아이의 말에 귀 기울이지 않고 자기 필요와 기관의 목적과 생각대로 끌고 가는 것입니다. 흐름도가 이미 성인과 조직에 있는 것입니다. 잡동사니 자유놀이터에서 우리의 행위와 실천은 언제나 아이의 말과 아이의 결정과 아이의 통제에 충실해야 합니다.

아이를 보는 것에서 시작해야 한다는 이야기를 여러 해 했는데, 좀 덧붙여야 할 것 같습니다. 아이를 어디 보내고 맡길 궁리보다는 아이를 조금 더 볼 궁리를 해야 한다는 뜻입니다. 오래 아이와 지내기만 한다고 해서 아이를 알 수 있는 것은 아닙니다. 아이와 오랜 시간 지낸 분들을 신뢰하거나 때로 신뢰하지 않는 이유입니다. 절대적 시간을 내서 온몸으로 아이와 자신을 동시에 '보았어야' 아이를 알 수 있습니다. 만약 우리 둘레에 아이를 도무지 볼 수 없게 만드는 바쁨과 재촉과 규율과 제도가 완강하다면, 그 복잡함과 서두름과 제도에 저항하고 싸워 바로 잡아야 합니다. 그것을 제거하지 못하고 아이와 지낸다면 사고를 방치하는 일입니다. 어디를 보내고 무엇을 해주기보다는 편안하고 지긋이 아이와 자신을 '보는 사람'이 양육자이고 교사라 생각합니다. 아이를 '본다는 것!' 놀이나 양육이나 교육의 출발선이 아닐까 합니다.

  나아가 책임을 피하지 않으려는 태도 또한 중요합니다. 때로는 과도한 책임 추궁으로 고소와 고발을 감내해야 할 때도 있습니다. 그렇다면 저와 동료는 왜 이 어려운 일을 자임하는 것일까요? 이곳에서 아이가 여러 시행착오와 위험 감수를 하며 스스로 위험을 다루고 관리하는 것을 배워 점점 더 용기 있고 사려 깊어지기 때문입니다. 『찰리와 초콜릿 공장』을 쓴 로알드 달(Roald Dahl)은 어린이가 더 많은 위험을 감수할수록 자신을 돌보는 법을 배운다고 했습니다. 우리는 이런 모순의 한복판을 거닐면서 어린이의 건강한 성장에 필요한 놀이 환경을 애써 가꾸는 사람입니다. 바로 '옹호가'입니다. 때로 고소와 고발과 비난과 마주할 때도 말입니다. 그럼에도 우리가 이러한 일을 멈추지 않는 까닭은, 놀이 속에서 아이가 자신과 만나고 자신을 알아가고 자신과 화해하며 세상으로 나아갈 기술과 가능성과 대담함을 조금씩 마련하는 찰나를 가까이서 보는 첫 번째 사람이기 때문 아닐까요?

잡동사니의 정리, 보수, 유지 관리하기

 잡동사니 자유놀이터가 끝나고 나면 새로운 일이 시작됩니다. 바로 정리와 정돈의 시간입니다. 장소가 밖인 경우가 대부분이라 때에 따라서는 치우지 않아도 됩니다. 내일 다시 와서 놀 테니까요. 잡동사니는 사용하던 것이라 놀이하는 동안 생길 수 있는 오염과 부러짐과 마모와 헐거워짐을 눈여겨 살펴 정리와 정돈을 해야 합니다. 모서리나 구멍 그리고 고리 등을 주목해서 살핍니다. 일정한 사이를 두고 여러 재료를 점검하는 것도 필요합니다. 그러려면 먼저 구비하고 있는 목록과 수량을 파악하고 있어야겠지요. 이후에 곧 보태야 할 것이 있다면 그것도 한쪽에 기록해 놓으면 좋습니다.
 시작할 때 비용은 적게 들지만, 다른 놀이터보다 꾸준한 보수와 관리가 뒤따라야 온전히 유지될 수 있습니다. 쉽게 말해 '수고로움과 정성'이 동반되어야 하는 놀이 환경입니다. 잠시 마음을 놓았다가는 혼란에 빠져 수습이 되지 않아 마침내 포기하는 지경까지 치달을 수 있습니다. 권하고 싶은 것은 할 수 있는 것만큼 한다는 원칙을 세우는 일입니다.
 위험도 마찬가지입니다. 여러 단계를 두어 천천히 조금씩 나가길 바랍니다. 멋을 부리거나 욕심을 부리거나

SNS에 아이들 사진을 허락 없이 올리며 홍보하거나 자랑하는 데 마음을 빼앗기지 말고 차분함과 최소화를 항상 잊지 않으면서 말이죠. 잡동사니 자유놀이터를 마치면 주변을 청소하고 보수하고 다음에 쓸 수 있도록 유지 관리를 잘해 주어야 합니다. 이 과정에서 위험이 발견되거나 부적합하게 변형된 것이 발견되면, 아쉽지만 곧장 정리해야 합니다.

잡동사니가 자유놀이와 만났을 때

 작은 어려움이나 스트레스에도 대응과 대처를 못하는 아이가 늘고 있습니다. 여러 가지 까닭을 말할 수 있겠지만 저에게 한 가지만 꼽으라면 주저 없이 이렇게 말하겠습니다. 아이에게 오랫동안 결정권이 없었기 때문입니다. 좀 더 가혹하게 말하자면 결정권이 없으면 회복력도 없습니다. 하나를 더하자면 모든 것을 성인이 즉각적으로 해주기 때문입니다. 이 둘은 실세로 긴밀히 연결되어 있습니다. 이러한 일이 되풀이되면 아이는 자신의 내부 세계와 외부 세계를 잇는 데 어려움을 겪습니다. 이 둘을 살펴보면 왜 아이가 이제 의욕이 없고 대응조차 하지 않으려 하는지에 관해 실마리가 풀립니다.

 앞에서 잡동사니를 가지고 어떻게 놀지는 아이가 결정한다고 했습니다. 이것이 잡동사니와 자유놀이가 만나 변화와 도약을 만드는 긴요한 지점입니다. 이곳에서는 성인의 놀이 제안이나 놀이의 주제가 따로 정해져 있지 않습니다. 자유놀이터는 아이의 호기심과 상상이라는 두 바퀴로 굴러가는 곳입니다. 자유놀이의 핵심은 언제나 아이의 '자유로운 선택'에 의해서만 존재하고 유지됩니다. 아이가 놀고 싶은 단단한 동기와 결정과 실행으로만 작동되는 곳이기 때문입니다.

일반적인 놀이와 달리, 철저한 아이 주도 놀이라고 할 수 있는 자유놀이는 놀이의 결정권이 아이에게 있음을 인정하고 수용하는 태도의 다른 이름이기도 합니다. 아이가 놀이를 주도한다는 것의 의미를 분명히 할 필요가 있습니다. 자칫 아이가 무엇을 해도 내버려 두어야 한다는 것으로 잘못 이해될 수 있기 때문입니다. 실제로는 그 너머를 말합니다. 아이 주도 놀이를 이해하는 핵심은 성인이 뒤로 물러서는 역할을 맡는 것에서 시작합니다. 성인이 놀이의 주제를 물리적·정서적·심리적으로 제시하지 않고 그들의 자유와 자율을 존중하고 허용하는 상태입니다. 이러한 환경에서 아이가 놀이를 이끌어가는 것이라 할 수 있습니다. 아이가 주도하지 못하는 상황이 되풀이되면 아이의 내면에 불안과 우울과 분노가 자리 잡습니다.

가까이 있는 성인의 역할은 모험놀이터의 플레이워커의 역할과 비슷합니다. 아이가 놀이 세계를 좀 더 풍성하게 넓혀 갈 수 있도록 단지 환경을 가꾸는 일입니다. 작금의 체험이나 놀이 프로그램에서 흔히 보이는 성인의 설정과 권유와 제지가 없습니다. '자유놀이 옹호가'로서 자유놀이 현장에서 성인의 간섭을 간섭하고 제지를 제지하고 금지를 금지하는 까닭이 널리 이해되기를 바랍니다. 아이는 놀면서 자신과 만나야 하고 그 속에서 친구를 사귀고 삶이라는 자동차의 핸들을 자신이 붙잡고 있다는 책임과 그에 따른 즐거움과 고통 또한 자신의 몫이라는 것을 실감합니다. 설령 그렇게 하지 못했다고 하더라도 아이를 향한 당신의 선의는 조금도 의심될 수 없습니다.

앞에서 소개했던 사이먼 니컬슨을 또 한 번 호명합니다. 니컬슨은 아이를 속이지 않는 하나의 방법론으로 '잡동사니' 놀이의 가치를 오래전 알렸습니다. 저 또한 사이먼 니컬슨에게 큰 영향을 받았습니다. 이 책은 사이먼 니컬슨에 관한 오마주이기도 합니다. 한 걸음 나아가 사이먼 니컬슨의 오래된 글에서, 지금 혼란에 빠져 정처 없는 우리 사회 놀이 환경 담론의 빈약함에 종언을 알리며 자유의 심장을 파먹힌 채 한없이 길든 놀이를 개선할 실마리를 찾아보자는 제언을 해봅니다. 아이가 변화시키기 어렵거나 불가능한 환경을 지속해서 제공하는 것은 그들을 속이고 억압하는 일입니다. 이러한 환경은 아이로부터 발견하고 발명하고 창조할 수 있는 능력을 빼앗는 곳입니다. 성인이 설정하면 아이는 수행하는 곳입니다.

형편이 나은 양육자는 최고의 놀이 환경을 아이에게 주려고 애씁니다. 형편이 그렇지 못한 양육자는 그런 놀이 환경을 찾아 아이를 데려갈 엄두를 내기 어렵습니다. 그 사이를 나름 메워 왔던 공공놀이터는 급격한 예산 부족으로 어려움을 겪고 있고, 새로운 조성이나 관리의 방법론을 찾는 데 어려움이 갈수록 커지고 있습니다. 아이는 지금 당장, 사는 곳 가까이에서 놀아야 하는데 찾기 어렵습니다. 사정은 지방으로 갈수록 심각합니다. 놀이와 놀이터와 놀이 환경이 황폐화하고 그 자리를 학습과 프로그램과 효율과 표준과 기능과 성취와 성인의 목적과 상업적 이윤추구를 목적으로 하는 서비스가 대체합니다.

놀이와 놀이터와 놀이 환경을 제자리에 돌려놓을 수는 없는 것일까요? 그런데 그 순간이 우리에게 예상보다 일찍 도착하고 말았습니다. 당장 우리는 전례 없는 지방 재정의 가파른 축소와 삭감 또는 이어질 파산으로 놀이터를 새로 조성하고 관리하고 가꾸는 데 큰 어려움을 겪을 것입니다. 몹시 고통스러운 공공지출의 장기적 긴축 국면에 들어선 것입니다. 비로소 호황기 고비용 '놀이터'가 아닌 관심과 정성과 적은 예산으로 '놀이 환경'을 알뜰히 가꿔야 하는 시점에 자연스럽게 도착한 것입니다.

낯설지만 어디라도 언제라도 무엇을 가지고도 어떻게든 놀 수 있는 '자유놀이 환경'을 찾아 나서지 않을 수 없습니다. 첫 번째로 비용을 들이지 않고 놀 수 있고, 두 번째로 어디서든 언제든 무엇이든 가지고 놀 수 있고, 세 번째로 아이와 양육자와 교사를 속이지 않습니다. 용기를 내어 시작한다면 여기서 상상, 실행, 몰입, 창조가 자연스럽게 흘러가는 장면을 목격할 겁니다. 잡동사니가 자유놀이를 만나면 질 높은 놀이 가치가 생기고 더없는 놀이 가능성이 열리고 아이에게는 참신한 놀이 기회가 생겨 부족함은 즐거움으로 바뀔 것입니다.

 잡동사니 자유놀이터가 장애가 있는 아이에게도 유익한 놀이 환경임은 말할 것도 없습니다. 게다가 재미있습니다. 아이가 시간 가는 줄 모를 정도입니다. 플레이버스에서 버려지기 직전의 잡동사니를 하나씩 꺼내면 그것에 마술처럼 이끌리는 아이를 보는 기쁨과 만납니다. 플레이버스에 잡동사니를 싣고 움직이며 곳곳에서 마법의 세계와 만나는 기쁨과 만납니다. 여러분도 그런 신비와 만나는 행운이 있기를 기대합니다. 기획되고 체험화되고 프로그램화된, 자유롭고 아름다운 아이를 포로로 잡은 놀이와 놀이터와 놀이 활동을 멈추고, 그것이 아이를 속이고 아이의 호기심과 동기를 빼앗는 일은 아니었는지 돌아봅시다. 성인이 계획한 것이 아니라 아이가 계획한 것을 할 수 있는 놀이 환경이 미래 세대에게 필요합니다.

아이가 변화를 만들 수 없는 곳, 찾아내고 발명하고 창조하려는 마음과 생각을 행동으로 옮길 수 없는 환경으로 아이를 유도하는 것이 아이를 속이는 일입니다. 성인의 취향과 편리와 미의식에 오염된 아이의 삶과 놀이 환경을 근본에서 돌아보고 수정해야겠습니다. 이러한 까닭으로 수용적이며 포용적인 놀이 환경(Inclusive play spaces)의 정점에 있는 '잡동사니 자유놀이터'를 여러 놀이벗께 진심을 담아 권합니다.

문제 해결을 위한 참신하고 진지하고 책임 있는 사유와 실험과 실천이 절박한 시대, 양육자이고 교사인 우리가 미래를 살아갈 오늘의 어린이에게 마련해 주어야 할 첫 번째 배움과 성장의 '서식지'입니다. 이곳은 미리 깔아놓은 궤도가 없습니다. 성인이 주도하거나 기획한 놀이와 놀이터의 프로그램은 마치 사전에 설치를 마친 궤도와 같습니다. 우리는 지금 궤도를 벗어나 사유하고 행동하고 실험하고 도전하는 어린이가 몹시 간절합니다. 그런 어린이는 지금 어디에 있으며, 지금 무엇에 붙잡혀 있나요? 끝으로 존 홀트의 말을 덧붙입니다.

"우리는 무언가를 해보면서 배웁니다. 다른 방법은 없

습니다."

긴 편지 여밉니다.

4

나의 어린이 & 놀이 아포리즘

○△□☆♡

"놀이라는 것은 한 어린이에게
신의 능력을 부여하는 일입니다."

박보영

> 지금 필요한 것은 어린이 일상에 관한 우리의 무계획입니다.

어린이에 부과된 단 하나의 소명은 놀기입니다.

> 어린이는 성인으로부터 감독받지 않는 시간이 필요합니다.
> 그때가 '성장과 독립을 준비하는 시간'입니다.

어린이보다 양육자의 스마트폰 사용을
걱정해야 하지 않을까요?

> 착한 아이를 걱정합니다.
> 말 잘 듣는 아이를 걱정합니다.
> 왜일까요?
> 성인의 관점이기 때문입니다.

서두름으로부터 홀가분해지는 것이 양육의 출발입니다

> 놀 수 없는,
> 놀지 못하는 어린이에게 인생이란 무엇일까요?

어린이가 놀 때 성인의 역할은 없습니다.
애써 역할을 맡으려 하지 마세요.

> 더 많이 움직이면 어린이는 더 많이 행복합니다.
> 더 적게 움직이면 아이는 더 많이 우울합니다.

아이가 마주하려는 건강한 위험을 지금 막아서면

그보다 더 작은 위험도 마주할 수 없습니다.

> 장난감이 부족할까? 걱정하지 않아도 좋습니다.
> 아이가 모자란 것은 탐험과 자유니까요.
> 장난감 수가 적으면 친구에 눈을 뜹니다.
> 장난감 수가 많으면 아이는 세상에 눈을 감습니다.

비현실적이거나 초월적인 양육의 기준을

아이에게 제시하기보다는

아이한테서 나오는 호기심과 상상과

자유의 물결과 계절의 바람을 따라가세요.

> 어린이가 미래를 어떻게 살아갈지 걱정하나요?
> 어린이는 오늘 놀며 내일 살아갈 방법을 터득합니다.

어린이에게 놀이는 미룰 수 없는 자신과의 약속입니다.

> 던지기, 두드리기, 휘두르기, 기어오르기,
> 매달리기, 놓아버리기.
> 손과 팔과 몸으로 할 수 있는 것을 아이는 충분히 하고 있나요?

부모라면 아이의 놀이에 투자하세요.

아이가 성장함에 따라 불안과 걱정과 큰소리는 줄고

이해와 편안함과 기쁨은 늘어날 것입니다.

> 요령 피우지 말라는 말은 어린이에게 어울리지 않습니다.
> 거꾸로 여러 궁리와 도전과 실험으로
> 요령을 솜씨 있게 터득해야 하는 때입니다.

양육의 가장 큰 통과의례는

아이의 어린 시절과 마주하는 것이 아니라

나의 어린 시절과 마주하는 일입니다.

힘들 내세요.

> 체험과 놀이는 무엇이 다를까요?
> 결과물을 만들어내는 것이 체험이라면
> 놀이는 결과물이 없습니다.
> 없어서 자유입니다.

놀이는 아이의 뿌리와 그릇을 만듭니다.

> 이제는 분명, 성인의 주의산만을 걱정할 때입니다.
> 아이가 위험에 노출되고 다치는 한 원인이 되고 있으니까요.
> 많은 경우 긴 스크린 사용 시간과 관계있습니다.

어린 시절은 경주가 아니라 걷기입니다.

> 성인이 다루기 편한 아이와
> 성인이 다루기 불편한 아이는 무엇이 다를까요?
> 성인이 다루기 편한 아이가 모두 건강한 상태는 아니며
> 성인이 다루기 불편한 아이가 모두 문제가 있는 것은 아닙니다.

아이를 보는 것에서 육아의 첫걸음을 시작해 보세요.

> 어린이가 불안과 우울을 이기는 힘의 근원이
> 위험한 놀이 또는 자유 놀이와 만나는
> 빈도와 강도에 있음을 봅니다.

비타민 P의 결핍이 아이를 시들게 합니다.

어린이의 자유가 충분하지 않으면

어린이의 상상도 마음도 메마릅니다.

장난감을 줄이고 잡동사니를 들이세요.

아이에게 어려움이나 문제가 생길 때

우리가 그 문제의 일부 또는 전부임을

알아차리는 것이 양육과 교육의 시작입니다.

어린이 마음을 건강하게 하는 최선의 선택은 자유놀이입니다.

우리가 따라잡아야 할 것은

COVID-19로 늦어진 학습 진도가 아니라

그동안 상실한 놀이와 우정과 자유의 시간입니다.

모든 것을 가르쳐야 배울 수 있는 것은 아닙니다.

기고 뒤집고 일어서고 걷고 뛰는 것을 보세요.

말하고 읽고 쓰는 것도 마찬가지입니다.

놀이를 아이 밖에서 애써 찾지 마세요.

놀이는 오롯이 아이 안에 있으니까요.

아이 행복의 첫 번째 조건은
성인의 감독에서 벗어나는 일임을 잊지 마세요.

> 놀이는 형편없이 취급하고 학습은 한없이 추켜세우고
> 이 둘이 도대체 무슨 차이가 있어서 그러는 걸까요?

아이와 가는 가장 좋은 길은 가벼운 차림으로
집 밖으로 홀가분하게 나서는 길입니다.

> 창의도 도전도 실패도 위험도 권하면 큰 짐입니다.

어린이는 하나의 지성이며 정신이며 통찰입니다.
모욕을 멈추고 합당하고 동등하고 정직하게 대합시다.

> 어린이가 놀기 시작하면 세상은 잠에서 깨어납니다.

교육자와 교육기관은 어린이에게 건강한 위험을 제공해야 합니다.

> 오늘의 더러움과 소음과 어질러짐과 허용이
> 내일의 면역과 회복력과 정리와 참신함을 만듭니다.

완벽하지 않고 모자람을 알아가는 게 놀이입니다

모자라도 문제없고 놀면서 완벽을 추구할 까닭도 없습니다.

성인조차 할 수 없는 완벽을 어린이에게 요구해서는 안 됩니다.

완벽하지 않은 어린이와 완벽하지 않은 양육자가

그럭저럭 지내도 좋습니다.

Q : 놀면 뭐에 쓸모가 있나요?

A : 없습니다.

Q : 뭐라고요?

A : 쓸데없는 무용함이 놀이의 쓸모입니다.

어린이에게 특정 스포츠클럽보다 놀이를 권합니다

트로피나 증서보다는 기쁨과 자유를 권합니다.

어린이는 더 빠르고 더 세련되고 더 멋지게 행동하기보다

웃고 떠들고 쫓기고 뒹굴며 장난칠 수 있어야 합니다.

'허용하는 마음'이야말로 어린이 삶의 가장 긴요한 환경입니다.

어린이를 즐겁게 해주려고 애쓰지 마세요.

어린이는 스스로 즐거움을 만들 줄 아니까요.

> 어린이가 어린이로 사는 게 놀이입니다.
>
> 어린이가 어린이로 사는 게 자유입니다.
>
> 어린이가 어린이로 사는 게 행복입니다.

놀 줄 모르는 어린이는 없습니다

간섭하는 성인이 있을 뿐입니다.

> 아이는 오늘보다 내일, 내일보다 모레 조금씩 더 하고 싶습니다.
>
> 천천히 한 계단씩 나아가고 섬세해지고 그렇게 익숙해집니다.

놀이는 어린이의 DNA 안에 코딩되어 있습니다.

놀지 못하면 아이가 살 수 없는 까닭입니다.

> 어떤 날은 놀기만 해도 문제없어요.

게임의 해독제들 찾는다면 언제나 자유놀이입니다.

> 춥다고? 덥다고? 입어라! 벗어라! 하지 않아도 좋습니다.
>
> 아이 안에 매우 정밀한 온도조절 장치가 있으니까요.

아이가 필요하다고 하는 것은 주지 않고

아이에게 필요하다고 믿는 것만 주다 보니

아이가 항시적 결핍 상태에 빠져 있음을 호소합니다.

> 아이는 오늘 즐거우면 내일도 즐거울 것으로 생각합니다.
> 그것을 희망이라 합니다.
> 아이가 오늘 지루하면 내일도 지루할 것으로 생각합니다.
> 그것을 절망이라 합니다.
> 심심한 것은 좋지만 지루하게 오래 두어서는 곤란합니다.

지금 어린이와 청소년에게

'문해력'만큼 긴요한 것은 '몸의 문해력'입니다.

몸의 문해력이 원활해야 실제 문해력도 풍성해집니다.

> 어린이는 놀면서 자신과 친구와 세상의 문제를 풉니다.
> 옮기고 바꾸며 변화를 줄 수 있고 망가뜨리고 파괴할 수 있어야
> 그곳이 놀이터입니다.

한 가지 분명한 희망은 놀이 속 위험이

관리될 수 있는 자장 안에 있다는 것입니다.

> 서 있던 아이가 걷고, 걷던 아이고 뛰고,
> 뛰던 아이가 갑자기 도약합니다.
> 아이가 놀 때 자주 보는 모습입니다.

최선의 놀이와 놀이터는 '한가한 시간'입니다.

> 허용과 관리, 둘 사이에서 무엇을 택하시겠습니까.
> 세상에는 처음부터 잘못된 질문이 있습니다.

놀이 앞에서 어린이는 평등한가요?

> 아이를 만나는 성인마다 이거 하자 저거 하자면
> 아이가 하고 싶은 것은 도대체 언제 할 수 있지요?

어린이는 버릇없고 자기 마음대로인 것이 아니라
늘이 욕구와 자유 충동을 번번이 거절당한 것입니다.

> 완전한 육아도 완전한 놀이도 없습니다.

놀이는 아이의 표현입니다.
아이가 놀지 않으면 우리는 아이를 알 수 없습니다.

> 저는 왜 놀이를 자주 철학이라고 말할까요?
>
> 사는 게 특별한 의미가 있나요?
>
> 없다고 생각합니다.
>
> 놀이의 목적이 무엇인가요?
>
> 없다고 생각합니다.
>
> 그래서 놀이를 철학이라고 생각합니다.

어린이는 나로부터, 당신으로부터 해방되어야 합니다.

> 놀이란 어린이나 성인이나 자기 자신으로 사는 겁니다.

놀이에는 보상이 주어지지 않습니다.

왜 그럴까요?

곰곰이 생각할 주제입니다.

> 어린이는 현대에 와서 지나치게 과소평가되고 있습니다.

웃고 우는 게 놀이입니다.

웃고 울 수 있는 곳이 놀이터입니다.

놀이 없는 어린 시절을 떠올려 상상해 보세요.

아이는 지금 그런 현실을 살고 있으니까요.

> 학교에서 아이들에게 문제를 내고 풀게 하듯이
> 학교는 아이들에게 삶의 문제를 낼 수 있어야 하고
> 그것을 풀 수 있는 환경을 마련해야 합니다.

하고 싶을 때 할 수 있어야 놀이입니다.
그렇지 않으면 그것은 고역이 되고 맙니다.

> 인터넷 문화와 관련해서 걱정하고 두려워하고 비난하기보다
> 현실 속에 안심하고 도전할 수 있는 환경이 있는지 챙겨 봅시다.

놀이 속에서 아이는 왜 자주 더 위험하고
비효율적이고 비합리적이고 어려운 길을 선택할까요?
우리는 이 비밀을 풀어야 합니다.

> 어린이는 하고 싶지만 두려운 것도 있고
> 두렵지만 해보고 싶은 것도 있습니다.
> 이 둘을 오가는 것을 '성장'이라 합니다.

아이에게 결정권이 없다는 것은
회복력도 없다는 것을 말합니다.

> 파괴로 해체로 놀이는 시작합니다.

어린이 성장의 가장 큰 방해물은 성인의 긴말입니다.

> 어린이에 관한 많은 책과 충고가
> 도움이 되지 않을 때가 있습니다.
> 이때는 아이에게 우리를 맡기고 기다릴 시간입니다.

어린이는 언제나 그만둘 권리가 있습니다.
언제든 그만둘 수 있어야 놀이입니다.

> 아이가 넋을 놓고 무엇도 하지 않으며 보내는 시간이
> 지금만큼 더 필요한 시절이 또 있을까요?

학습이 많아 생기가 없는 것이 아니라
놀이가 부족해 생기가 없는 것입니다.

> 어린이의 자유놀이는 AI로 대체될 수 없는
> 인간 최후의 자유의지 예술로 남을 것입니다.

성인이 나서면 어린이는 물러섭니다.
성인이 물러나면 어린이는 나아갑니다.

> 놀이를 어렵게 생각 마세요.
>
> 장난꾸러기가 되는 것입니다.

아이는 넘어지지 않기 위해

그렇게 많이 넘어집니다.

> 게임과 SNS와 스마트폰이 문제가 아니라
>
> 어린이와 청소년의 자기 선택권 없음과
>
> 놀이 빈관과 자유 박탈과 시간 점유와
>
> 신체의 구속이 보다 본질적 문제입니다.

Q : 아이와 어떻게 놀아야 하나요?

A : 그냥 놀면 됩니다.

Q : 그냥이라니요?

A : 심각해지지 않는 게 놀이입니다.

마치며

우리는 어린이를 모른다

어린이라 말하고 성인을 행하다

왜 어린이와 청소년이 할 것 없는 고립된 환경에서 긴 시간을 지루하게 보내야 하는 걸까요? 지루할 때 발견되는 소란과 배회와 산만함과 먼 산 보기가 오롯이 그들의 잘못일까요? 아니면 그들의 맺힌 표현일까요? 단지, 가르치기 위해 또 배우기 위해 어린이와 청소년의 자유를 뒤로 미뤄야 한다는 주장은 이행의 시기에 더 이상 옹호될 수 없습니다. 이러한 상황이 지속된다면 어린이와 청소년은 양육과 교육의 현장으로부터 지금보다 더 광범위하고 빠른 이탈과 탈주를 할 수밖에 없습니다.

팬데믹이라는 긴 시간을 통과하면서 벌어진 학력 격차를 걱정합니다. 의문입니다. 왜 교육과 학력만 이야기하는 것일까요? 팬데믹을 겪으면서 어린이와 청소년에게 강제된 자유와 신체활동의 상실, 그로 인한 놀이 격차는 어떻게 수습되고 있나요? 어린이와 청소년의 신체활동 결핍은 고등한 정신 사고의 축소와 사회관계의 중대한 생략을 초래하고 되먹임되기 때문에 교육과 학력만큼 긴요합니다.

빈곤한 어린이와 청소년은 이런저런 야외 활동과 놀이 기회의 접근에 취약합니다. 장기적으로 빈곤한 아이들의 놀이 결핍은 그들에게 더 빈곤한 미래를 안겨 줄 것입니다. 놀이는 아이를 가능하게 만들기 때문입니다. 빈곤한 아이의 놀이 기회 축소와 생략을 크게 눈을 뜨고 봐야 하는 까닭입니다. 어린 시절을 채우는 풍성한 놀이 환경이야말로 빈곤한 아이들의 앞날을 개척하는 뿌리와 대지가 되기 때문입니다. 상상력은 빈곤한 아이의 마지막 삶의 연료이자 엔진입니다. 경제적 빈곤이 어린이와 청소년의 뇌 발달에 영향을 준다는 연구에 공감합니다. 빈곤이 놀이 발달 지연에 지대한 영향을 주기 때문입니다. 그들에게 즉각적이고 근접한 놀이 기회와 놀이 환경이 더 필요하다는 경가심이 있어야 합니다.

형편이 나은 어린이와 청소년 또한 예외 없고 가차 없습니다. 이들이 돈을 가지고 놀 수 있는 장소와 행위가 PC방과 흡연과 음주 말고 또 무엇이 있을까요? 큰 비용을 들이지 않고 몸을 움직이며 활동할 수 있는 너르고 안전한 공공장소와 정책이 절실하건만 가까이서 찾기가 쉽지 않습니다. 저 또한 '공공형 실내 놀이터'의 개념을 정립하고 만들어 왔지만, 이제는 점점 더 먼 이야기가 되는 것 같습니다. 앞서 우리 사회가 조금이나마 물적·시간적 여유가 있을 때 기반을 차분히 마련해 놓자고 호소했는데, 이젠 그 정거장마저 지나쳐 버린 것 같아 안타까움을 넘어 때로 격한 감정과 마주합니다.

소득이 일정 수준 이상인 가정의 어린이와 청소년은 평소에 이런저런 스포츠클럽에 등록하여 몸이라도 움직이지만, 중위 또는 저소득층 어린이와 청소년에게는 먼 이야기입니다. 특히 지난 3년 코로나 상황에서 빈곤한 어린이와 청소년의 신체활동은 거의 정지되었습니다. 동시에 각종 미디어에 노출되는 시간은 압도적으로 늘었습니다. PC와 스마트폰은 빈곤한 어린이와 청소년의 삶을 더욱 깊게 파헤치며 '놀이 격차'와 '놀이 빈곤'을 한껏 벌려 놓았습니다. 가혹하고 비정합니다. 어린이와 청소년이 빈곤한 까닭으로 놀고 상상하는 것마저 제한받는다면 그들은 삶을 도약할 발판을 구축하지 못할 것입니다. 여기에 실제적 빈곤의 결과인 영양부족 상태 또한 가속화되고 있습니다.

어린이와 청소년 또한 성인처럼 돈이 없으면 무엇도 선택하기 어려운 불가능 상태에 놓인 것입니다. 그나마 자유로웠던 어린이와 청소년의 시간 또한 타인과 타율과 관리에 저당 잡힌 상태가 굳어졌습니다. 그 틈을 헤집고 다른 한쪽에서는 변두리 자본을 쏟아 부어 플레이마켓을 구축했습니다. 서울과 수도권은 좀 더 본격적인 자본이 이 시장에 뛰어들었습니다. 온라인과 오프라인에 등장한 '놀이 시장(play market)' 입구에 양육자와 어린이는 길게 줄을 섭니다. 그곳마저 접근이 어려운 어린이는 얼마나 많고 또 어떻게 해야 할까요? 줄을 서서 입장권을 끊고 들어가면 놀이와 만날 수 있기는 한 걸까요? 그것은 과연 놀이일까요?

어린이와 청소년의 놀이 결핍과 시간 빈곤과 놀이 불평등은 커지고 있고 온라인과 엔터에서나마 이를 돈으로 만회하려는 쟁탈이 격렬합니다. 어린이 성장과 발달에 필수인 현실 속 '위험한 놀이'의 제지와 간섭과 억압이 심하면 심할수록 온라인 속의 더 강한 긴장과 위험과 자극으로 치닫는 탈주와 망명은 가속할 수밖에 없겠지요. 이렇듯 가까운 어린이가 위험하거나 더러운 놀이를 하려는 장면과 맞딱뜨릴 때, 양육자와 교사의 성향 또는 무의식이 즉각적으로 나타납니다. 안전 지향일 수도 있고, 위험혐오 지향일 수도 있고, 격려 지향일 수도 있습니다. 그것은 좋거나 나쁜 것이 아니라 자연스러운 일입니다. 저는 이러한 즉자적 반응으로부터 벗어나 어떻게 한 발짝 더 나아갈 것인지에 관해 지금까지 이야기했습니다.

어떻게 해야 할까요? 우리는 어린이와 청소년이 겪고 있는 놀이 불평등과 저당 잡힌 자유를 회복할 수 있을까요? 도전하고 싶은 욕구를 안심하고 안전하게 해소할 수 있는 포용적인 놀이 환경을 더 늦지 않게 마련할 수 있을까요? 건강한 위험에 노출하면서 동시에 심각한 위험으로부터 어린이와 청소년을 안전하게 보호할 수 있는 놀이 환경을 가꿀 수 있을까요? 이 작은 책에 그런 고민과 질문에 관한 생각을 담았습니다.

10년은 하릴없고 당장 내년에 어린이에게 일어날 변화를 예측하는 것도 의미 없을 만큼 복잡함과 불확실성이 넘치는 시절의 한복판입니다. 섣불리 미래를 예측하는 것의 무리함과 무용함을 깨우치고 어린이가 당장 처한 눈앞의 현실을 살피고 개선하는 것이 지혜로운 일입니다. 어려울수록 우리는 두려움과 공포에 사로잡히기보다는 '과학과 임상과 합리와 이성'에 근거해 어린이 가까이서 판단해야 합니다. 예측 불가능과 가혹함이 번갈아 칼춤을 추는 영구적 기후 위기의 재앙 속에서도 어린이가 살아가는 환경에 관한 인식과 판단과 결정이 합리와 이성과 지성과 과학에 뿌리내리기를 희망합니다. 시나브로 성인이 해줄 수 있는 것은 점차 줄어들고 있음을 인정하고 이러한 것과 마주한 어린이가 최종 판단하고 결정하고 행동할 수 있음을 염두에 두어야 합니다.

담담한 마음이 어린이나 양육자나 교사 모두에게 있어야 하는 시절입니다. 아이 가까이 있는 성인들의 공통점은 아이를 위하며 살았다는 것입니다. 그런데 지금 성인 앞에 도착한 질문과 반문은 생경하고 불편하기만 합니다. 어린이를 위한다면서 사실은 성인의 의도와 목적과 바람만을 위해 행동하지 않았느냐는 물음입니다. 피할 곳도 숨을 곳도 마땅치 않습니다. 이제 어린이라 말하고 성인을 행하던 관행적 사유와 실행에서 빠져나와야 할 때임을 예감합니다. 소중한 시간이 더 낭비되지 않도록 어린이라 말하고 어린이를 행하는 길로 들어서야겠습니다.

바깥이 안전하다

물꼬를 터야 합니다. 어린이와 청소년이 시민으로 출발하려면 무엇보다도 놀이와 신체활동에 균등히 접근할 기회가 보장되어야 합니다. 부모가 누구이든, 양육자가 무엇을 하든, 사는 곳이 어디든, 어린이와 청소년이 손을 뻗으면 놀이와 놀 친구와 놀이 시간과 놀이 환경에 닿을 수 있어야 합니다. 형편이 나은 어린이와 청소년은 놀이 빈곤을 비껴가고 있을까요? 그들 또한 집요하고 인색하기에 그지없는 학습의 그물망에 포획되어 빈곤의 거리를 헤매고 있기는 마찬가지입니다. 어쩌다 우리는 여기까지 왔을까요?

지금처럼 어린이와 청소년의 빈곤과 격차를 그냥 두고 간다면 우리는 다음 장면에서 무엇과 마주칠까요? 오늘도 틈새를 메우려고 동분서주하는 양육자와 교사는 숨이 찹니다. 어린이와 청소년 또한 숱한 체험과 프로그램과 기획을 소화하느라 진이 빠집니다. 개수를 줄이고 느긋함을 찾아야 합니다. 다행히 교육 현장은 아직 명랑한 어린이와 밝은 눈을 뜨고 헌신하는 사려 깊은 교사가 다수입니다. 어린이와 교사와 함께 의논하고 동행하는 양육자 또한 많습니다. 희망은 어린이와 양육자와 교사 모두에게 있습니다. 우리는 이 견고하고 높게 쳐진 울타리를 함께 벗어날 것이라는 신뢰와 자신감과 용기를 잃지 않아야 합니다.

오래도록 주장해 온 어린이의 경제적·사회적 처지와 무관하게 지지되어야 하는 '놀이의 공공성'과 '놀이의 형평성'은 팬데믹 시기를 정점으로 차례로 붕괴하여 지금껏 회복되지 않고 있습니다. COVID-19 전염병으로 인한 어린이 놀이 환경의 축소와 결절과 접근의 차단은 가히 최종적이었습니다. 놀이의 많은 것이 끊어지고 무너지고 상실되었습니다. 놀이의 시간, 장소, 친구, 허용이 멈추는 경험이었습니다. 어린이는 버티지 못하고 무너졌습니다. 더 나아가 봉인 해제되어 코앞과 발끝에 도착한 기후 위기가 강제되면 우리는 어린이와 함께 또 어떻게 어디서 무엇을 하며 지낼 수 있을까요? 기후 변화는 그나마 가꿔 온 어린이 놀이 환경의 정수리를 타격하며 일상의 시간을 수시로 멈춰 서게 할 것입니다.

AI를 지나 AGI(범용인공지능) 또한 명암이 극명하게 갈리며 사정을 봐주지 않고 어린이 삶과 놀이 생태계를 세차게 움켜쥐고 흔들고 있습니다. 어린이가 놀아야 하는데 AGI가 노는 상황이 펼쳐지리라 예감합니다. AGI가 놀면 되지 굳이 할 일 많고 바쁜 어린이가 놀 필요까지 있느냐는 반론을 어렵지 않게 듣게 될 것입니다. 어린이 대신 놀고 평가받고 인증받는 AGI의 출현입니다.

머지않아 아파트 놀이터와 상업적 실내 놀이터에서 AI와 결합한 휴머노이드(Humanoid) 로봇과 상호작용하며 놀고 있는 어린이를 볼 수 있을 것입니다. 곧 어린이가 꼭 어린이와 놀아야 하는지 깊이 의심될 것입니다. 이렇듯 속도와 돌파와 다층적 사고에 자유자재한 AGI와 우리 인류가 지혜롭고 성숙하고 윤리적으로 관계 맺을 수 있을지 아니면 AGI에 거꾸로 사로잡힐지 지금으로서는 매우 불확실합니다. 분명한 것은 AGI를 어떻게 통제하고 제어할 것인지 기준과 근거를 차분하고 냉철하게 마련해야 한다는 것입니다.

한편으로는 AI와 친구가 되고 우정도 가능하다는 주장이 널리 수용될 것입니다. 따돌림의 해결책으로 AI 친구가 무난하게 제시되리라 봅니다. 나아가 AI는 편리와 더불어 참과 거짓의 경계를 모호하게 만들거나 거꾸로 일도양단하며 선택을 강제할 것입니다. AI에게 결정과 판단까지 맡기는 위험하고 어리석은 인류가 되지 않아야 합니다. 결정과 판단은 어린이와 청소년과 양육자와 교사인 인간 최후의 권리이며 영역임을 상기합시다. AI와 양육과 교육 철학의 잦은 충돌이 일어날 것입니다. 어린이와 우리 모두의 자유롭고 아름다운 삶을 지켜내기 위해서는 AI와 마주한 채, 그들과 가치와 보편과 생명과 좋은 삶을 따지는 철학적 논쟁을 멈추지 않아야 합니다. 이를 소홀히 하면 어린이가 어린이로부터 소외되는 일이 가속할 것입니다. 2012년 스마트폰이 어린이와 청소년의 손에 도착한 뒤 맞이하는 새로운 격랑의 분기점이 2024년이 아닌가 합니다. 어린이와 함께 우리는 어디에 서 있고 어디로 향하고 있고 어디에 서식지를 마련해야 하는 것일까요. 철학과 행동이 필요합니다.

그에 한발 앞서 도착할 초미세먼지와 불볕더위와 한파와 가뭄과 폭우와 폭설은 실내나 실외 모두에서 어린이 삶을 일시에 정지시키거나 몰수할 수 있습니다. 생각하면 막막합니다. 어린이의 가장 큰 고통은 선택하고 표현하고 창조할 수 없는 고통이기 때문입니다. 하지만 어린이는 언제나 그랬듯이 어느 곳에서나 무엇을 가지고도 어떻게든 놀 것입니다. 일단, 걱정을 내려놓읍시다. 폭염에 놀이가 기피될까 걱정이라면 그늘 마련부터 첫걸음을 떼는 구체적인 행동이 필요합니다. 이러한 격변하는 이행의 시기에 저와 같은 활동가와 양육자와 교사는 그 어느 때보다도 균형 잡힌 통찰과 합리적인 사유와 판단과 행동이 필요할 것입니다.

COVID-19가 한창일 때에 저는 어린이에게 가장 안전한 곳은 실내가 아니라 바깥이라고 주장하는 글을 써서 발표했습니다.* 안전한 곳은 교실이 아니라 운동장이라 했습니다. 건물 안이 아니라 놀이터와 공원이라 했습니다. 그렇지만 당시에 많은 어린이는 실내에 머무는 것이 강제되었습니다. 우리 사회와 제도와 행정이 COVID-19 바이러스 감염에 최적인 3밀(밀폐, 밀집, 밀접)이 실내에 어린이를 머물게 하는 데 동의했기 때문입니다. 그 결과, 3밀에서 벗어날 수 있는(사회적 거리 두기 양호, 원활한 환기, 자외선 소독 효과) 학교 운동장과 공원과 놀이터로 어린이가 나갈 수 없게 만드는 중대한 실책을 범했습니다. 환기가 안 되고 문이 닫힌 곳은 모든 바이

---

* 편해문, 「팬데믹이 열어준 놀이의 새로운 지평」, 『민들레』 133호.(2021년 1~2월호)

러스의 온상입니다. 어린이는 밖으로 나가서 밖에서 지낼 수 있어야 합니다. 처음 맞이한 혼돈의 시절이라 합리적 사고를 차분히 할 수 없었는지 모릅니다. 그러나 다시 같은 상황에서 선택의 순간이 온다면 두 번 실수하지 않아야 합니다.

아이를 낳지 않기로 하다

시골로 30대에 귀촌해서 가족과 여태 살고 있습니다. 함께 동거하는 초등학교에 다니는 어린이와 청소년이 있습니다. 그 청소년이 초등학교에 다니던 시절만 해도 동네는 어린이가 놀면서 떠드는 소리를 들을 수 있었습니다. 그런데 지금은 동네까지 오는 통학버스에 타는 어린이가 셋으로 줄었습니다. 내년에는 둘로 줄고 앞으로 조금 더 시간이 흐르면 동네로 들어오는 통학버스가 운행을 멈출 것입니다. 학교가 폐교와 통합의 목전에 와 있습니다. 올해와 다가오는 2025년은 우리 사회가 여러 측면에서 격랑의 시기로 빨려 들어가는 초입이 될 것입니다. 일상적 생존 압박을 받는 동시에 양육과 교육 기반의 붕괴와 통제 불능 속에서 어린이와 동행하며 홀로 뒤척이는 양육자와 교사께 긴 편지를 쓴 까닭입니다.

변화의 속도와 무자비함에 한기와 현기증을 동시에

느낍니다. 논밭에서도 역시 마을 어른이 아니라 낯선 이들이 씨 뿌리고 거두는 모습이 부쩍 자주 보입니다. 경작을 멈추고 아예 묵히는 곳도 생기고 있습니다. 가끔 도시로 나갔을 때 성성한 건물이 비어 쇠락하는 모습을 바라볼 때의 심정과 엇비슷합니다. 보지 못했고 겪지 못했던 커다란 변화와 불가능과 불확실함이 때와 장소를 가리지 않고 밀려오고 있음을 실감하는 시절의 한복판에 우리는 서 있습니다.

최근 많이 듣는 낱말이 '출산율'입니다. 0.5에 접근하고 있는 합계출산율을 여기서 다시 이야기할 필요는 없습니다. 격세지감이지만 '아들딸 구별 말고 하나만 낳아 잘 키우자'란 표어가 있었습니다. 이 오래된 표어는 오늘과 과거의 상황을 대비시켜 새삼스럽습니다. 출산을 조절하겠다는 사고는 오늘까지 이어지고 있습니다. 과거의 산아제한 정책과 현재의 출산 장려 정책의 공통점은 인위적이라는 데 있습니다. 권위적이라는 것도 빼놓을 수 없겠지요. 차이점은 있습니다. 산아제한 정책은 여성의 건강을 해치는 여러 시술과 약물 그리고 남성들의 수술로 효과를 볼 수 있었을지 모르지만, 출산율을 높이는 방법은 따로 없다는 것을 직시해야 합니다. 줄여 말하자면 산아제한 정책도 했으니 출산 장려 정책도 펼 수 있는 것 아니냐는 사고의 근본적 오류와 불가능을 이해해야 합니다. 곧 이해할 것입니다.

어디서부터 첫 단추를 채워야 할까요? 어떻게든 낳으라고 강권하지 말고 있는 아이를 잘 키울 수 있는 환경을 차분하게 마련하고 가꿨어야 했습니다. 앞으로 태어날 아이는 소중합니다. 이미 태어난 아이 또한 소중합니다. 그러나 모성이, 아이를 낳아도 아이가 자유롭게 자라고 놀 수 있는 환경이 더는 아니라는 최종 판단을 오랜 심사숙고 끝에 내렸습니다.

칼 폴라니(Karl Polanyi)의 말을 가져와 설명하자면, 출산에 관한 자기 보호(self-protection of society) 운동이 비로소 시작된 것입니다. 어떠한 수단을 써도 출산율을 높일 수 없음을 객관적으로 직시하고 수용하는 일이 첫 번째이고, 두 번째로 이러한 저출산에 적응하는 것이고, 세 번째로 '직시'와 '수용'과 '적응'이 저출산에 관한 합리적 '대응'임을 차분히 이해하는 것이 순서입니다. 분명히 보이는 우리 사회의 징후는 '저출산'을 지나친 '무출산'으로의 이동입니다. 저출산에 관한 제언이 고작 그것이냐 되묻는 분들을 위해 옛날 표어를 빗대어 이렇게 말하고 싶습니다.

"없는 아이 낳으라 강요 말고 있는 아이부터 알뜰하게 잘 돌보자!"

태어날 아이를 위한 주거나 양육 환경, 나아가 교육 및 보건의료 정책을 가지런하고 안정적으로 마련해야 합니다. 양육에는 고통과 기쁨이 함께합니다. 저도 조금은 애썼지만, 우리 사회가 잃어버린 육아의 기쁨을 어디서부터 어떻게 회복할 수 있을까요? 아이는 골칫거리가 아닙니다. 세상에서 아이가 커가는 것을 볼 수 없었다면 우리의 삶은 지금보다 더 정처 없을지도 모릅니다. 한마디로 말해 '육아의 기쁨'과 만날 수 있느냐가 닫힌 문을 열 유일한 열쇠가 아닐까요? 정도에 들어서지 않으려 하니 맞지 않는 열쇠만 무한대로 남발되는 게 아닐까요?

챙겨야 할 것이 있습니다. 미래에 살아갈 어린이나 청소년만큼이나 지금 우리 눈앞을 서성이는 어린이와 청소년부터 소중히 여겨야 합니다. 우리 사회와 제도와 정책과 실행을 지금 있는 아이를 잘 키울 수 있도록 가꾸고, 현재와 미래의 양육자가 그러한 환경을 신뢰할 수 있을 때 '출생'에 관한 우리 사회의 시선은 조금씩 천천히 이동하리라 믿습니다. 지금은 있는 아이를 잘 키울 수 있는 '양육 환경, 교육 환경, 놀이 환경'이 긴요할 뿐입니다. 언제나 그랬듯이 아이가 자유롭게 놀 수 있는 환경이야말로 아이를 낳고 키울 수 있는 가장 미더운 그라운드니까요.

더불어 정상적인 노동을 저만치서 따돌린 채 인간계를 떠나 대기권 밖으로 튕겨 나간 집값과 상호 수탈적 무한 경쟁의 공포에 먹혀 가정 경제를 불구로 만들면서까지 지출하는 사교육비에 관한 인지 파산의 냉정한 자각과 철회와 회심과 저항이 뒤따라야 합니다. 그러려면 자녀에 대한 감정적 편향과 알고리즘화된 SNS의 과몰입을 경계해야 합니다. 도시의 집값은 수직으로 비상하는데 도시의 어린이 놀이 환경은 수직으로 추락하는 현상에 관해서 누구의 설명도 들을 수 없습니다. 도시 괴담이라고 해야 할까요? 건강한 시스템이 단단히 고장이 난 것이지요. 진로와 직장과 일상에서의 남녀불평등 또한 개선되고 있지 않습니다.

집도 없이 그 많은 돈을 쏟아 부으며 원하지 않는 경쟁과 비교의 울타리 안으로 사랑하는 아이를 몰아넣어야 하고, 그 아이의 남은 인생마저 불평등한 임금 격차와 빈익빈 부익부의 수인으로 살게 할 수 없다면, 아이를 낳지 않기로 마음먹을 수밖에 없지 않을까요? 어떤 다른 선택을 할 수 있을까요? 내가 낳은 아이가 이 사회에서 자유롭게 놀며 즐거움 속에서 성장하기란 애당초 가능하지 않다는 것을 온몸으로 체득했기 때문에 아이를 낳지 않기로 합니다. '불평등'을 오래도록 방치한 후과는 이토록 단호합니다. 동시에 그동안 살면서 행복했냐고 물었을 때, 그렇지 않다는 답이 제출된 것입니다. 살면서 가까운 사람들이 행복하게 사는 걸 볼 수 있어야 연애하고 결혼하고 아이도 낳습니다. 그러한 장면을 보기 어려웠을 그들이 이해됩니다. 이렇게 아이는 우리 사회에 깜빡깜빡 신호와 귀청을 찢는 사이렌을 울리고 있습니다.

고독한 어린이

앞에서 '잡동사니 놀이터'를 이야기하며 현재 놀이와 놀이터의 결핍과 모순을 여러모로 살펴보았습니다. 요약하자면 잡동사니 놀이터는 방향도 지시도 궤도도 없다는 점에서 자유놀이와 가깝게 닿아 있습니다. 어떻게 놀 것인지를 스스로 결정한다는 중요한 원리를 공유하는 것도 마찬가지입니다.

여기서 놀이는 다윈(Charles Robert Darwin)이 주장했던 생물 진화 과정과 일치하는 모습을 보여줍니다. 놀이 또한 어떤 목적이나 방향이 없는 과정이기 때문입니다. 아이가 놀 수 없다면 성장하기 어려운 까닭이기도 합니다. 놀이는 어쩌면 진화의 가려진 여정일지 모릅니다. 성인과 전문가가 만들어 놓은 환경에 아이를 적응시켜 놀이와 놀이터를 식민지화할 것인지 아니면 주변의 여러 물건을 가지고 아이 스스로 놀이 생태계를 구성해 놀며 자신과 놀이와 놀이터를 해방할 것인지가 화두입니다. 해방을 걱정하지 마세요. 아이가 해방을 맞을까 두려워 마세요.

해방은 삶의 주인이 되었을 때 느끼는 즐거움을 아는 것입니다. '즐거움을 아는 것!' 어린 시절 경험해야 할 단 하나의 설레는 장면이며 배움의 완성입니다. 해방되어야 가장 잘 배울 수 있음은 증명된 사실입니다. 주인으로 살아야 권리를 지키고 책임 있는 삶 또한 배울 수 있습니다. 지나치게 구속하고 관리하는, 책임에 눈 뜨지 못하게 하는 관계와 방식과 환경은 무책임한 사람을 만들 것입니다.

자유놀이가 펼쳐지는 잡동사니 놀이터는 성인을 위한 활동이 아닙니다. 어린이의 자유와 해방을 위한 세계입니다. 어린이를 우리 사회와 성인의 마지막 식민지로 삼는 것을 두려워해야 합니다. 그 많던 자유롭고 아름답고 용기 있는 어린이가 자취를 감추고 있습니다. 어린이에게 두세 가지 자유의 선택지를 주었다고 도취하지 맙시다. 그 두세 가지 선택지 가운데 어린이가 원하는 것이 없는 경우를 자주 봅니다.

자유와 해방을 강조하면 아이가 놀이에서 방종을 배운다는 반론에 쉽게 부딪힙니다. 이에 관해 레프 비고츠키는 명료한 견해를 우리에게 전합니다. 그는 놀이가 자유와 해방과 더불어 사회가 합의한 규칙을 배우는 중요한 수단이며 이것은 인간이 사회에서 살아가는 데 꼭 필요한 능력이라고 차분히 말합니다. 자유와 질서, 해방과 규칙의 상호성을 잘 설명하고 있습니다. 자유가 방종을 만드는 것이 아니라 자기 조절과 자기 통제를 만든다는 것을 신뢰해야 합니다. 더불어 아이가 자유 속에서 지낸 한없이 얕은 시간과 성인의 강퍅한 허용을 문제 삼아야 합니다.

이렇듯 놀이는 자유와 통제(자기 제어)의 균형추 구실을 합니다. 좀 더 분명하게 말하자면 충분한 놀이가 없이는 자유도 자기 제어도 가늠하기 어렵다는 뜻입니다. 자신이 자신을 통제하는 것이 아니라 타인이 자신을 통제한다면 그것은 불행의 출발일 것입니다. 불행과 고통의 정도는 아이와 성인의 관계에서 더욱 선명히 드러납니다. 기기 결정권과 자기 통제권을 빼앗기거나 잃어버린 아이가 무너질 수밖에 없는 실로 자명한 까닭이기도 합니다. 신경생리학자 자크 판크세프(Jaak Panksepp) 또한, 아이는 놀이를 통해 다른 사람과 긍정적인 방식으로 상호작용하는 친사회적 두뇌가 만들어진다는 것을 밝혔습니다. 이렇게 아이는 놀이 속에서 누가 보지 않아도 자신을 지키고 주변과 소통하며 책임 또한 잊지 않는 힘을 기릅니다. 책임을 아이에게 떠넘기는 성인이 아니라 책임을 자임하는 가까운 성인의 존재야말로 더없이 소중합니다. 어린이가 자유와 놀이 속에서 방종을 배운다는 것은 불신의 자기 합리화일 뿐입니다.

우리는 어린이의 자유놀이를 지지하고 지원하는 사람으로서 어린이로부터 놀이의 즐거움을 빼앗는 선전과 감시와 관리에 저항해야 합니다. 성인은 어린이의 즐거움을 가리거나 가로채거나 포획하지 않아야겠지요. 성인인 우리가 어린이와 만났을 때 스스로 점검해야 할 일입니다.

어린이가 참신한 상상력을 펼칠 수 없거나 그럴 수 있는 자유로운 놀이 환경과 만날 수 없다면 그 사회의 민주주의는 위협받을 것입니다. 빈곤한 상상력이 분방한 상상력을 통제하는 체제는 유지될 수 없습니다. 나아가 어린이의 놀권리 침해를 구체적인 차원에서 자유롭게 이야기할 수 있어야 합니다. 추상적인 놀권리 선언과 행사를 되풀이해 왔지만, 변화를 만들지 못했음도 자인해야 합니다. 놀권리가 더 이상 클리셰로 쓰이지 않기를 바랍니다. 그리고 까닭도 꼼꼼히 따져보아야 합니다. 야누시 코르차크(Janusz Korczak)의 지적은 여전히 유효합니다.

"우리는 아이를 잃는 것이 너무 두려워 아이의 생존권을 빼앗고 있습니다."

근본적인 질문이 필요합니다. 질문 없이 움직이니 변화를 만들지 못합니다. 숱한 놀권리 조례제정은 어떠한 변화를 만들었나요? 놀권리는 어린이 스스로 행복을 추구할 권리인데 어린이는 얼마나 행복해졌나요? 어린이의 첫 번째 권리는 놀권리가 아니라 행복할 권리입니다. 오히려 유행처럼 앞다퉈 이루어진 놀권리 조례제정이 놀권리에 관해 이제 충분히 했다는 마지막 우아한 체면치레로 소모되고 있지 않은지 아프고 정직하게 돌아봅시다. 어린이의 자유놀이를 타의와 자의로 반복해서 제한하거나 검열하는 문제에 관한 비판적인 견해도 용기 내어 발언합시다. 놀권리를 방해하거나 막아서고 있는 것이 무엇인지 구체적인 대상을 지목해서 정연히 분석하고 대안도 제출해야 합니다. 어린이는 놀아야 한달지, 어린이가 놀지 못하고 있달지 하는 말은 그래서 상황을 더욱 악화시키고 아무런 변화를 만들지 못하는 냉소주의와 패배주의와 현실 안주의 연장선에 있음을 보아야겠습니다. 어렵다면 '옹호'의 사전적 뜻을 찾아 다시 한 번 읽기를 권합니다.

왜 변화가 한없이 더딜까요? '놀권리'는 집요하고 가열한 싸움을 통해서 획득되는 것이지 성인으로부터 권위로부터 제도로부터 선물을 얻듯이 시혜 받는 장식품이 아니기 때문입니다. 정색하고 말합니다. 인류 역사를 돌이켜보아 '권리'라는 것이 선물로 주어진 적은 없습니다. 놀권리 또한 예외일 수 없습니다. '놀권리'라는 낱말을 듣거나 입에 담을 때, 땀과 눈물의 냄새와 피 맛을 느낄 수 없다면 우리는 놀권리를 옹호하는 사람이 아닙니다. 옹호는 넘치지만 왜 옹호하는지, 어떻게 옹호할 것인지 설명이 짧아 스스로 옹호가 무엇인지 정리되고 있지 않음이 드러납니다. 물론 옹호가는 친절함을 잃지 않아야 합니다.

유엔인권고등판무관실은 놀이를 모든 아동의 권리로 인정했습니다. 놀권리는 어린이가 모든 폭력으로부터 보호받을 권리만큼 가장 강력한 기본권으로 자리매김하고 있습니다. 이러한 놀권리가 한국 사회에서 지나치게 순화 또는 순치되어 쓰이고 있는 현실에 큰 불편함이 있음을 숨기고 싶지 않습니다. 옹호는 자신이나 자기 조직을 옹호하는 것이 아니라 타인을 옹호하는, 강한 사회적 책임을 자임하고 실천하는 사려 깊은 행위입니다. 이것은 본질적으로 관리하려는 성인과 시스템으로부터 탈주하여 자유로워지고자 하는 어린이 사이의 선명한 싸움이고 처절한 독립의 전선입니다. 한없이 관리되는 어린이는 그래서 한없이 고독합니다. 오프라인에서 직접 친구와 만나는 것도 시간을 빼앗겨 어렵고, 닫힌 방에서 불을 끄고 이어폰으로 주변의 소음을 막은 채, 스마트폰 작은 스크린으로 세상과 마주하는 어린이와 청소년입니다. 너무 걱정은 하지 마세요. 그들에게 스크린은 닫힌 공간에서 세상으로 나가는 입구이자 창이니까요. 그 속에서의 소통은 변화를 만들려는 구체적이고 자발적인 행동입니다. 그들도 디폴트가 된 인터넷 삶의 환경에서 좋은 삶을 꿈꾸고 희망을 모색하는 존재입니다. 때로 그들의 모습이 성인에게 외롭게 보일 수 있습니다. 우리 사회에 고립되고 고독한 어린이와 청소년이 늘어나는 것도 사실입니다. 그러나 그들이 가만히 있는 것이 아님을 알아야 합니다. 그들은 현실 세계와 가상 세계라는 두 세계를 동시에 준비하며 없던 길을 새로 만드는 이중의 과업을 수행 중입니다. 그 과정에서 새로운 규칙과 질서를 만들어낼 것이라 믿습니다. 우리는 이루지 못했던 일입니다. 이해와 협조를 구합니다. 어린이와 청소년이 맞닥뜨린 이 복잡다단함과 고통을 양육자와 교사는 알아차리고 헤아려야 합니다. 어린이와 청소년은 홀로 고독도 필요하고 함께 명랑도 필요합니다.

  어린이와 청소년의 긴 시간 스크린 시청과 과도한 SNS 사용에 관한 최소한의 이해와 길 찾기가 필요하다고 생각하는 분께서는 2020년에 전면 개정판으로 펴낸 『아이들은 놀이가 밥이다』에 써놓은 「지나친 스크린 시간을 걱정하는 벗에게 전하는 열 가지 생각」과 「소셜미디어 사용에 관한 열 가지 생각」 두 글을 꼭 참고하시면 좋겠습니다.

어린이 안에

어린이는 왜 그렇게 놀려고 하는 것일까요? 놀이가 그들에게 무엇보다 필요하기 때문입니다. 사는 것을 배우고, 친해지는 것을 배우고, 친구에게 귀를 열고, 다투고 소통하고 돕고, 때로는 생존하는 기술 또한 놀이를 통해 접근할 수 있습니다. 더 자주 놀수록 점점 더 세련되고 익숙해집니다. 포유류인 인간에게 놀이는 생략될 수 없는 과정입니다. 더 자주 더 길게 더 많이 놀려고 하는 것이 동물의 특징입니다. 놀면서 배우는 것을 즐기지요. 놀이는 갈등으로 인해 점점 고조되는 긴장을 자연스럽게 줄이고 굳은 마음도 풀어 줍니다. 잡동사니와 같은 놀잇감을 공유하면서 평등과 공조의 아름다움에 눈뜨기도 합니다.

놀이를 떠받치는 세 가지 큰 기둥은 '호기심'과 '상상'과 '자유'일 것입니다. 호기심이 없거나 상상하지 않는 어린이를 떠올리기 어렵습니다. 어린이는 때로 호기심에 이끌려 위험에 노출되기도 하고 그것에 도전하기도 합니다. 앞에서 이것은 매우 자연스러운 일이며 이러한 위험은 어린이와 성인이 넉넉히 관리할 수 있는 영역임을 이야기했습니다. 성장기의 어린이는 유익한 위험에 노출되어야 합니다. 안전에 붙잡혀 물리적 위험과 상상의 세계를 넘나들 수 없다면 어린이는 박제된 세계 속에서 살 수밖에 없습니다. 이것이야말로 가상세계입니다. 어린이는 상상할 수 있어야 현실도 마주할 수 있기 때문입니다. 구체적 현실에서 고통 받는 아이를 발견한다면 생각해 봐야 합니다.

'이 아이에게 상상할 수조차 없게 만드는 무언가 억압적인 일이 벌어지고 있구나!'

어린이의 세계에서 상상과 현실, 이 둘은 따로 놀지 않습니다. 상상이 어린이를 살리고 구합니다. 그래서 어린이의 가장 큰 고통은 창조할 수 없고 상상할 수 없음에서 오는 고통이라 말했습니다. 한 어린이가 호기심과 상상의 문을 천천히 조금씩 때로는 용기를 내어 활짝 열었을 때, 주변 성인으로부터 뭔가 문제를 일으키는 존재로 반복해 인식되면, 어린이는 호기심과 상상과 자유를 이어갈 수 있을까요? 호기심과 상상을 더는 일으키지 않으려 할 것입니다. 여기서 큰 좌절과 우울과 굴종과 저항이 발생합니다. 마침내 자신의 세계를 구성하는 데 어려움을 겪게 될지도 모릅니다. 성인은 싫어하거나 비난하는 것일지라도 어린이는 해보고 싶을 수 있기 때문입니다. 해보면서 알아가야 하는데 실행 전에 가까운 성인이 선별적이고 당위적인 것만을 권하고 칭찬한다면 아이는 거부하기 어렵습니다.

이런 순응이 완성되면 아이의 마음에는 시나브로 구김과 멍이 생기고 화가 쌓입니다. 곧이어 아이가 아이로 사는 것이 무너지는 최악의 상황에 도착할 수도 있습니다. 명랑했던 아이가 시들고 용기가 지워지는 것입니다. 이렇게 무너진 아이의 마음 둑을 다시 쌓아 올리는 일은 말처럼 쉽지 않습니다. 이미 멀리 지나버린 시간과 상황과 허용이 아이를 재방문할지 기약 없기 때문입니다.

성인이 조직하거나 감독하는 구조화된 놀이 또는 놀이터, 자유놀이와 결이 다른 체육활동, 특정 스포츠클럽, 나아가 성인이 주도하는 체험, 프로그램, 유사 놀이 활동 속에서 가장 먼저 숨을 멈추는 것이 바로 호기심과 상상과 자유입니다. 거꾸로 이런 기획되고 의도된 것으로부터의 일탈과 탈주가 바로 자유놀이와 만나는 순간입니다. 상상해 보세요. 어린이의 활동에서 호기심과 상상과 자유를 지운다면 무엇이 남을까요? 엄격히 말해 그곳은 지배하거나 지배받거나 저항하거나 순응하는 일밖에 일어나지 않습니다. 놀이와 민주주의가 여기서 만나 갈등합니다. 어린이가 놀면서 호기심과 상상과 자유를 사용할 수 없을 때, 그곳의 민주주의는 무너집니다. 놀면서 갈등과 타자와 만나고 그 갈등을 타자와 놀면서 좌충우돌 풀어 본 경험과 솜씨를 기를 수 있어야만 민주주의는 싹을 틔울 수 있기 때문입니다. 만일 이런 것들이 현재 아이들 놀이와 삶의 환경 속에서조차 허용되거나 작동되지 않고 있다면 그것은 분명 희망적이지 않습니다. 갈등을 서로 조정하거나 해결하지 못해 더 힘 있는 사람이나 집단에 해결해 달라고 저마다 목소리를 높이려 할 것이기 때문입니다. 소음과 타율과 독선에 잠식된 우리 사회의 현재 모습 그대로입니다. 한가하게 들릴지 모르지만, 어린이가 자유놀이 속에서 호기심과 상상과 소통의 꽃을 피워야 하는 까닭입니다.

어린이가 놀이 속에서마저 호기심과 상상과 소통의 꽃을 피울 수 없다면 커다란 억압이 어린이에게 강력하게 행사되고 있다고 봐야 합니다. 어린이가 놀이와 삶의 환경을 스스로 만들 수 없다면 그 환경이 어린이를 만들고 지배할 테니까요. 긴 시간 이런 일에 저항하며 어린이 스스로 만들 수 있는 놀이 환경을 지원해 왔습니다. 스스로 놀이 환경을 만들 수 없게 어린이를 속이거나, 자유놀이의 재미와 즐거움을 막아서거나 훔치거나 오염시키는 일을 그만 멈추어야 합니다. 더 늦지 않게 '자유놀이의 길'로 들어서기를 여러 놀이벗께 권합니다. 놀면서 어린이가 발견해야 하는데, 성인이 미리 발견하고 손뼉 치고 사진 찍어 SNS에 서둘러 올린다면 그것은 우리의 경솔함입니다. 성인과 제도와 세상이 어린이에게 애써 전달하려는 것이 사실은 어린이 안에 오롯이 있음을 발견하는 기쁨과 만나기를 바랍니다.

어린이를 속이지 않는 것으로부터 '변화와 이행'이 저 아래로부터 일어나기를 바랍니다. 어린이는 무엇을 가지고도 자유롭게 놀며 자신의 상상과 호기심으로 세상을 창조하는 기쁨을 누립니다. 그 기쁨은 이해와 화해로 고양됩니다. 놀이의 기쁨은 또한 지배를 완강히 거부하는 커다란 동력이 됩니다. 그래서 놀이는 너무나 중요하게도 비판적 사고의 밑거름을 만듭니다. 자유놀이 속에서 길들지 않고 복종하거나 순종하지 않습니다. 반대로 놀이 속에서 친구를 억압하거나 순종하게 만들면 즐겁던 놀이가 무너진다는 것도 경험적으로 알아 부정적 욕구에 쉽게 사로잡히지 않습니다. 자유놀이를 통해 어린이는 스스로 사고하고 결정하고 책임지는 행동의 기쁨 또한 만끽합니다. 이렇게 어린이는 천천히 독립합니다.

자유놀이 속에서 마주치는 기쁨은 자신이 꽤 괜찮은 사람임을 알게 해주는 순간이며 동시에 강요된 굴레에 저항하는 씨앗을 발아시키는 계기가 됩니다. 함께 사는 초등학생과 이런 일이 있었습니다. 어느 날, 시내 초등학교에서 시골에 있는 집까지 통학버스를 타지 않고 걸어오고 싶다고 했습니다. 먼 거리이고 재를 하나둘 넘어야 하는 길입니다. 거의 2시간이 지나자, 집 마당에서 저 멀리 걸어오는 거북이 하나가 보이기 시작했습니다. 그렇게 양육자로부터 정서적·신체적·사회적 독립이 시작됩니다. 결과적으로 허용과 자유가 얽매인 어린이의 삶과 성인의 삶을 동시에 해방합니다.

 자유와 놀이를 어린이의 삶 밖으로 밀어내는 성인의 힘이 너무 커져 어린이라는 둑이 무너지는 일은 막아야 합니다. 양육과 교육에서 때때로 폭발하는 파토스를 걷잡고 어린이의 시드는 동기를 보아 주세요. 배움은 중요하지만, 어린이를 가르치기 위해 어린이를 병들게 할 필요까지는 없습니다. 그렇지만 앞서 놀이로 세상 모든 것을 배울 수 있는 것은 아니라고 했습니다. 세상에는 엉덩이를 딱딱한 의자에 붙이고 앉아 인내심을 가지고 탐구해야 배울 수 있는 것도 분명 존재합니다. 또 한편에는 배움으로 도저히 닿을 수 없는 진지한 놀이의 세계도 엄존합니다. 놀이와 배움의 균형이 필요한 까닭입니다.

성인과 사회와 제도와 집단과 조직과 엔터테인먼트 산업의 의도된 착취와 수탈과 속임에 내면의 동기와 호기심과 명랑과 상상과 자유를 한껏 털려버리고 부자유함의 굴레 속에 갇힌 어린이와 청소년을 응시합시다. 어떠한 경우라도 어린이의 호기심과 상상과 명랑과 자유의 동기를 성인의 기대와 목적을 위해 빼앗지는 맙시다. 자유를 상실한 세대가 겪을 길고 깊은 후유증과 좌절과 아픔을 상상합시다.

 미래의 치료보다 호기심과 상상과 명랑과 자유를 통한 지금 여기의 기쁨과 예방을 우선해야 합니다. 호기심과 상상과 명랑과 자유와 놀이는 어린이에게 최선의 보건의학이며 예방의학입니다. 흥미롭고 희망적인 것은 약간의 관심과 노력과 협조가 따른다면 실현 가능하다는 점입니다. 어린이와 청소년과 양육자와 교사를 포위한 지시와 감시와 통제의 굴레를 벗는 방법은 함께 모여 자유에 관해 자주 이야기하는 것입니다. 호기심과 상상과 명랑과 자유와 놀이를 마음껏 펼치지 못하고 성장한 세대가 어린이 놀이와 양육과 교육의 주체로 사는 것의 어려움에 관해 터놓고 이야기를 시작해 보는 것입니다. 이 작은 책이 약간의 물꼬를 틔울 수 있기를 바랍니다.

 어린이가 필요한 것은 지시가 아니라 지지입니다. 이 책은 그래서 처음부터 끝까지 자유에 관해 이야기했습니다. 놀이는 어린이가 자기를 해방해 나가는 끊어지지 않는 하나의 흐름이라고 할 수 있습니다. 저 또한 놀이와 놀수록, 놀이와 진솔하게 지낼수록 자유로워졌으니까요.

하지만 지금은 어린이 곁에서 목격하는 절망과 좌절에 관해 쓴소리를 내야 할 때입니다. 어린이를 가까이서 보고 있다면 섣부른 희망을 입에 담지 않아야 할 때입니다. 교사가 교실로 영영 돌아오지 못하고 있고, 그보다 더 많은 어린이와 청소년이 영원히 학교에 올 수 없습니다. 절망스럽다면 절망을 절망이라 말하고 절망에 치를 떨어야 합니다. 어린이나 청소년이나 양육자나 교사나 자유 없이 살 수 없으니까요.

할 수 있는 것부터

혼란에 빠져 있다면 모두의 공통분모인 '자유'에서 다시 시작해야 합니다. 짧지 않은 세월 동안 놀이로부터 배운 것 또한 자신감과 용기와 자유라는 덕목입니다. 어렵지만 어린이 가까이에서 자신감과 용기와 자유를 잃지 않으려 합니다. 어린이는 분명한 하나의 '가능성'이기 때문입니다. 그러니까 놀이라는 것은, 어린이라는 것은, 하나의 가능성이라고 해도 좋습니다. 가능성은 세상을 헤쳐 나가는 긍정과 용기와 힘의 원천입니다. 예컨대 '놀이 가능성' 유무는 어린이 생명 유지를 판단할 수 있는 절체절명의 탄광 속 카나리아입니다. 더러 이런 저의 주장이 지나친 과장이라 비판받기도 합니다. 그런 분들께는 지금까지 긴 편지를 쓰면서 있는 사실을 매우 순화해서 차분한 말투로 전하고 있음을 밝힙니다. 터진 둑으로 쏟아져 내리는 어린이의 자지러진 비명에 귀 기울이기를 부탁드립니다. 이 무자비한 부자유함의 굴레에 고통 받아 부서지는 청소년을 정면에서 똑바로 바라봐 주세요.

2024년, 가자지구와 우크라이나와 강 건너 북한에서 아이가 놀고 있는 모습을 보았다는 소식을 전해 듣습니다. 그들은 이 역경을 딛고 생존하고 회복하고 성장해서 세상에 이바지할 것입니다. 놀이는 때로 외롭고 슬픈 감정과 마주하는 일이기도 합니다. 어렸을 때 기억을 돌이켜보면 친구들이 나를 두고 가거나 함께 놀려고 하지 않았을 때, 지독히도 슬프고 외로운 감정을 절절히 맞이했던 것 같습니다. 그 외로움과 슬픔이 어디로 나아가는지도 보았습니다. 앞서와는 반대로 친구들 속에서 잘 놀고 있으면서도 저기 멀리 떨어져 우리가 즐겁게 노는 풍경 안으로 들어서지 못해 슬프고 외롭게 바라만 보던 또 다른 친구가 있음도 알아차릴 수 있었습니다. 내가 외롭고 슬픈 것이 무엇인지 알았기에 다른 친구의 슬픔과 외로움도 알 수 있었던 것이지요. 먼 과거에 두고 온 그 아이에게 늘 다시 다가가 보려고 합니다.

어린이의 삶과 놀이 환경을 바꾸고 개선하려는 숱한 활동과 애씀과 헌신에도 요지부동인 정체와 퇴행에 낙담하고 절망할 수 있습니다. 그러나 우리는 미궁에 빠진 것이 아니며 주저앉을 필요도 없습니다. 건설적인 사고와 행동이 좋습니다. 아이와 동료의 고통이 눈에 밟혀 편향되거나 과한 것을 도모하느라 도리어 무기력과 비관에 빠지는 일도 크게 경계해야겠습니다. 어린이가 놓여 있는 삶과 세상 모두를 바꿀 순 없지만 어린이의 양육과 교육과 놀이 환경은 바꿀 수 있습니다. 작은 것부터 생각하고 실행할 수 있는 것부터 천천히 시작해 봅시다. 여러 혼돈과 재촉과 촘촘한 제약 속에서도 언제나 어디서나 무엇을 가지고도 어떻게든 틈을 내고 씨앗을 심고 발아를 도모하는 명랑한 어린이가 우리 가까이 아직 많이 서성이고 있지 않나요? 그런 어린이를 속이고 나를 속이는 미망에서 함께 깨어납시다.

명랑과 동기와 호기심을 빼고 어린이를 설명하거나 이해하거나 그려 낼 수 없습니다. 어린이가 놀 때 호기심과 명랑함이 한껏 펼쳐지기 때문입니다. 어린이를 그들의 명랑함과 그들의 가능성과 등가로 놓지 않아 우리의 어린이 이해는 미궁에 빠져 정처 없습니다. 하고자 하는 동기에 명랑과 호기심을 더하면 어린이가 되는 것 같습니다. 지금까지 길게 이야기했지만 제가 닿고자 했던 고향 또한 언제나 어린이의 명랑함이었고 그들의 자유였고 용기였습니다. 그 긴 여정에서 나의 어린이를 다시 만났고, 놀이가 나의 내면과 오래도록 신뢰로 연결되어 있음도 보았습니다. 왜 이 공부를 지금껏 이어오고 있는지도 온전히 설명되었습니다. 어린 시절 나의 친구와 동네 누나와 형들 그리고 동생들을 떠올려 보면 공통점이 있다는 것을 나중에 알았습니다. 어린이였던 우리는 하나같이 유능했습니다.

춥고 더운 날씨에 잘 적응했고, 싸우고 곧 다시 어울렸고, 낯선 곳을 갔다가 사는 동네로 잘 찾아왔고, 뭐든 잘 만들었고, 동물과 식물과 가깝게 지냈고, 이야기와 노래와 춤을 가까이했고, 모험과 탐험과 도전에 탁월했고, 심심함과 허기를 재미와 즐거움으로 채울 줄 알았습니다. 무엇보다 발견하고 발명하고 노는 데 유능함을 아낌없이 발휘했습니다. 지금도 그때처럼 어린이가 어린이로 지낼 수 있을 때 그들은 자유롭고 용기 있고 명랑합니다. 어린이가 어린이로 살 수 없는 환경과 성인의 관리와 지시와 간섭과 감시와 금지가 결합하고 있습니다. 시나브로 어린이가 어린이로 살 수 없는 세상이 완결되고 있습니다. 어렵지만 우리는 어린이가 어린이로 오롯이 지낼 수 있는 세상을 향한 꿈을 포기하거나 낙담하거나 물러서지 않아야 합니다. 자유롭고 아름다운 사람인 어린이가 어린이로 살 수 있는 길을 찾고자 책 제목을 『어린이가 어린이로』 삼았습니다.

어린이가 하고자 하는 동기가 소진되거나, 명랑이 우울함에 사로잡히거나, 용기를 빠르게 잃어 가거나, 누군가 무엇인가 그들의 호기심을 가로채거나 숨기거나, 때로는 어린이 스스로 궁리하고 실험하고 문제를 풀어가던 자신을 기억 못하는 장면과 마주할 때 막막하고 서러워 눈물이 납니다. 무슨 일이 벌어지고 있는 것일까요? 어린이는 지금 무엇을 겪고 무엇을 경험하고 무엇에 좌절하고 있는 것일까요? 하고 싶었고 할 수 있었던, 그 많던 아이는 다 어디로 숨어 버린 것일까요? 이것이 육아와 양육과 교육과 문화의 현주소라면 우리는 미래에 닿을 수 있을까요?

킴킴함으로 우리를 막아선 무겁고 거대한 문을 '자유롭고 아름다운 사람, 어린이'라는 열쇠로 활짝 열어 내부를 밝고 환하게 보여드리고자 이 책을 썼습니다. 가까이서 할 수 있는 일부터 해야겠습니다. 우리가 할 수 있는 것이 있습니다. 이 작은 책이 젖은 덤불과 짙은 안개 속에서 어린이와 동행하며 긴 여정을 헤쳐 가는 양육자와 교사의 삶을 개선하는 데 조그마한 이정표가 되길 바랍니다.

  아이와 지내는 시간은 양육자 또는 교사 혼자만으로는 온전히 채우기 어렵습니다. 놀이도 양육도 교육도 어린이의 동기와 양육자와 교사의 상호 소통과 지역과 공동체의 지원과 이해로 이루어집니다. 어려울수록 복잡할수록 고통스러울수록 어린이처럼 호기심과 상상과 자유를 잃지 맙시다. 무엇보다 냉소에 빠지거나 옮기지 않아야 합니다. 더 어려울수록 어린이처럼 질문을 멈추지 않고 자주 합시다. 우리는 어린이가 누구이고 어떻게 배우고 어떻게 성장하는지에 관해 명료하고 진실하게 설명할 수 있어야 합니다. 이 작은 책에 그런 이야기를 담으려고 했는데 목적지에 잘 도착했는지 궁금합니다. 모자람이 있었다면 호기심과 명랑함과 가능성이 어린이 안에 오롯이 살아 있음을 기억합시다. 어린이가 어린이로 살아갈 수 있는 환경을 함께 상상하고 가꾸면 모두에게 좋습니다. 우리는 어린이를 아직 모릅니다. 우리가 우리를 잘 모르듯이 말입니다.

  긴 이야기를 했지만, 어린이에 관해 알고 있는 것부터 시작하자고 이 책을 썼습니다. 어린이를 다시 알아갈수록 우리에 관한 궁금함도 풀리면서 어린이와 성인의 삶이 함께 제자리를 잡을 것입니다. 어린이는 보편적 대상이고 놀이는 보편적 가치입니다. 한 번 더 보편에 호소하며 글을 마칩니다. 지금까지 읽어 주어 고맙습니다. 어린이와 함께 자유와 행운을 빕니다.

희망은 때로 최악의 결과를 만듭니다. 긍정은 자주 무책임을 동반합니다. 그럼에도 저에게 남아 있는 희망과 긍정은 어린이가 아직 놀고 싶어 하고 놀고 있다는 것입니다. 그리고 그것을 알아보는 사려 깊은 성인이 어린이 주변에 아직 서성이고 있다는 사실입니다.